Kleine Schriften zur Aufklärung
HERAUSGEGEBEN VON DER LESSING-AKADEMIE
WOLFENBÜTTEL

13

URTE VON BERG

Theodor Gottlieb von Hippel

Stadtpräsident und Schriftsteller in Königsberg 1741-1796

LESSING-AKADEMIE · WOLFENBÜTTEL

WALLSTEIN VERLAG · GÖTTINGEN

REDAKTION: HELMUT BERTHOLD · LESSING-AKADEMIE

Inhalt

Einführung
7

1. »Lebensläufe nach aufsteigender Linie«
13

2. Hippel über sich
41

3. Genius loci
55

4. Der preußische Beamte
72

5. Der heimliche Revolutionär
90

6. Enttarnungen
107

Anmerkungen
116

Siglenverzeichnis
127

Zeittafel
128

Literaturverzeichnis
133

Abbildungsnachweis
137

Personenregister
138

Einführung

Regelmäßige Spaziergänge waren im 18. Jahrhundert eine Seltenheit. Bauern und Handwerker ruhten am Sonntag in Haus und Garten von der Arbeit aus, privilegierte Bürger und Adlige ließen sich in Equipagen fahren. In Königsberg aber sorgten gleich zwei prominente Bürger durch ihre Spaziergänge für ständiges Stadtgespräch. Den freundlichen Professor Kant sah man mit seinem Diener Lampe so regelmäßig in die Wohngegend seiner Kindheit wandern, daß die Königsberger bekanntlich die Uhr nach ihm stellten; der *Geheime Kriegsrath* und Stadtpräsident Theodor Gottlieb von Hippel ging sogar – in Begleitung seines Dieners Schienemann – im traditionellen blauen Rock durch das Steindammer Tor aus der Stadt hinaus. Sein Weg führte zu den *Hufen*, wo sein kleines Landhaus lag, umgeben von einem weitläufigen, von ihm selbst angelegten Park. Durch das hügelige Gelände seines Gartens schlängelten sich schmale Wege, ein Bach rauschte in der Tiefe, ein künstlicher Friedhof zog den Spaziergänger immer wieder in seinen Bann.

Die Königsberger wunderten sich; ihr selbstbewußter, energisch auftretender Bürgermeister auf diesen Wegen? Der glanzvolle Politiker, der geistreiche Plauderer in der Tafelrunde Kants und den Salons des Adels, der mitreißende Redner – er litt, was nur wenige wußten, unter Melancholie, unter »Seelenqualen«, wie er in Briefen gestand. Die Einsamkeit seiner Ehelosigkeit tat ein übriges.

Die täglichen Spaziergänge mögen der Abhärtung und körperlichen Übung, wie Hippel ausdrücklich betonte, gedient haben; aber es gibt noch einen anderen Grund: der Stadtpräsident war Schriftsteller. Fast die Hälfte seiner Zeit diente den Spaziergängen, auf denen er seine Einfälle und Gedanken entwickelte, und dem Schreiben. Er schrieb heimlich; vermutlich hielt die anonyme Schriftstellerei sein Leben im Gleichgewicht.

Hippel, eine der originellsten Persönlichkeiten der Königsberger Aufklärung, ist heute fast vergessen. Wohl hat sich die Universität von Kaliningrad anläßlich der Feier zum 450. Jahrestag der Gründung der *Albertina* (26.–29. September 1994) auf die großen Söhne ihrer Stadt besonnen – Bronzetafeln mit den Porträts von Simon

Dach, Johann Georg Hamann, Hippel und E.T.A. Hoffmann hängen an den vier Wänden einer kleinen Halle im Hauptgebäude der *Albertina* – doch in Deutschland ist dies kaum bekannt. Die Literaturwissenschaft nimmt sich des Schriftstellers Hippel an, doch seine Werke sind nur in Bibliotheken zu finden. Ziel dieser Studie soll es darum sein, für einen größeren Leserkreis das Porträt einer ungewöhnlichen Persönlichkeit zu skizzieren, die das Leben Königsbergs in der zweiten Hälfte des 18. Jahrhunderts maßgeblich mitbestimmt hat.

Theodor Gottlieb Hippel wurde am 31. Januar 1741 in Gerdauen geboren, einem kleinen Ort etwa eine Tagesreise mit der Postkutsche von Königsberg entfernt. Er stammte aus kleinen Verhältnissen; der Vater war Rektor, also Dorfschullehrer, der es nicht bis zu einer Pastorenstelle gebracht hatte, die Mutter eine einfache Kleinbürgerin. Es gab einen zwei Jahre jüngeren Bruder, der später Pastor wurde. Das geistige Klima in dieser Familie war durch den ostpreußischen Pietismus geprägt, eine schwerblütige Frömmigkeit, die den Blick auf ein besseres Jenseits gerichtet hielt. Der weitere Lebensweg schien vorgezeichnet: Studium der Theologie, Hofmeister- bzw. Hauslehrerstelle in einer adligen oder reichen Familie, Lehrer und im besten Fall Pastor.

Zunächst begab sich auch der junge Hippel auf diese Bahn. Vom Vater und einem Pastor vorbereitet, bezog er im Sommer 1756 mit 15 Jahren die *Albertina* in Königsberg, um Theologie zu studieren. Arm und strebsam, suchte er sich die besten Lehrer der Theologie und Philosophie, studierte fleißig, fand Freunde, hatte frühe Erfolge als Prediger.

Er wurde Hauslehrer bei dem holländischen Patrizier Woyt, der die ungewöhnliche Begabung des Studenten erkannte und ihn großzügig förderte. Hippel fand rasch Geschmack an der großen Welt des kultivierten, international geprägten Hauses; hier lernte er gesellschaftliche Umgangsformen kennen und gewann erste Einblicke in die Jurisprudenz. Die unverhoffte Einladung zu einer Reise nach Petersburg begriff der Student als Chance, seinem Leben eine neue Richtung zu geben. Der Glanz des Zarenhofes war verführerisch, doch fühlte er sich bald durch das oberflächliche gesellschaftliche Treiben überfordert. Allein kehrte er nach Königsberg zurück, wo

Theodor Gottlieb von Hippel.
Gemälde von Anna Dorothea Therbusch.

er ohne das bisherige Studium, ohne Geld und Freunde von neuem beginnen mußte; ein Leben im Pfarrhaus kam nicht mehr in Frage.

Die krisenhafte Situation verschärfte sich durch eine Demütigung, die Hippel nie verwinden sollte. Als Hofmeister im Hause des Barons von Schrötter auf dem Gut Wesselshöfen verliebte er sich in die junge Tochter des Hauses, die seine Liebe erwiderte. Er hielt um die Hand des Mädchens an, wurde jedoch aus Standesgründen abgewiesen. Nach dieser Erfahrung orientierte Hippel sich neu: gesellschaftlicher Aufstieg, Ruhm, Ehre und Ansehen wurden die bestimmenden Ziele seines Lebens.[1]

Rasch und unter großen Entbehrungen absolvierte er ein Jurastudium. Mit literarischen Gelegenheitsarbeiten versuchte er sich über Wasser zu halten; Freimaurer nahmen sich seiner an. Mit 23 Jahren war Hippel Advokat und bald ein gefragter Rechtsanwalt. Er verstand es, Beziehungen zu nutzen, und bahnte sich mit großem Fleiß einen Weg in der preußischen Verwaltungshierarchie.[2] 1771 wurde er Advokat am Königsberger Hofgericht und ein Jahr später preußischer Besitznahmekommissar für die von Friedrich II. annektierten polnischen Gebiete. 1773 erfolgte die Ernennung zum königlichen Kriminalrat, eine Ehrung für juristische Kompetenz und persönliche Lauterkeit. Sie berechtigte ihn, die Erneuerung des Familienadels zu beanspruchen. Die königlichen Behörden der Provinz Ostpreußen erkannten seine Befähigung: 1778 wurde Hippel als *extraordinärer Stadtrath* in den Königsberger Magistrat gewählt. 1780 ernannte ihn der König zusätzlich zum Direktor des Königsberger Kriminalgerichts mit dem Titel eines *Hofhalsrichters*. Gesellschaftliche Stellung und wachsendes Vermögen aus seiner Tätigkeit als Advokat, vermutlich auch durch Spekulationsgewinne aus Risikogeschäften,[3] ermöglichten ihm den Kauf eines der schönsten Häuser von Königsberg in der Junkerstraße. Später kam der *Pojentershof* dazu, ein kleines Landhaus mit Park im *Hubendistrikt* vor den Toren der Stadt.

Überraschend erfuhr Hippel im gleichen Jahr 1780 die Krönung seiner beruflichen Karriere; der König ernannte ihn zum Ersten oder *Dirigirenden Bürgermeister* und *Polizey-Director, mit dem Charakter eines Kriegsrathes*. Er nahm diese Aufgabe mit großer Willenskraft wahr, fest entschlossen, das verkommene Verwaltungssystem der ihm anvertrauten Stadt in Ordnung zu bringen, was ihm in harter Arbeit gelang. Ständige Überforderung und die zusätzliche Aufgabe, nach der zweiten Teilung Polens auch die Verwaltung in Danzig zu reformieren (1793/94), führten zur Verschlimmerung eines Augenleidens und langjähriger Atembeschwerden. Einsamkeit, die Aufdeckung seiner anonymen Schriftstellerei und Angst vor dem Tod beschleunigten den körperlichen Verfall. Hippel starb, nur 55 Jahre alt, am 23. April 1796 an *Brustwassersucht*.

Die Quellen zu seiner Biographie sind spärlich. Eine *Selbstbiographie* (1790/91), im Alter von etwa 50 Jahren begonnen und vermutlich aus Gründen beruflicher Überlastung schon ein Jahr später abgebrochen, schildert Hippels Jugend bis zu seinem 20. Lebensjahr. Nach seinem Tod gelangte sie mit einer *Vorrede* in die Hände von Adolf Heinrich Friedrich Schlichtegroll,[4] damit dieser sie in seinem *Nekrolog* auf Hippel nutzen könne. Die Jugendgeschichte war für die Verwandtschaft gedacht und schien für die Öffentlichkeit nicht interessant. Doch Schlichtegroll erkannte den literarischen Rang des Fragments und entschied sich, es in gekürzter und geglätteter Form, durch Anmerkungen ergänzt, abzudrucken, um dann Hippels weiteren Lebensweg, seine literarische Tätigkeit und Besonderheiten seiner Persönlichkeit zu schildern.

Der *Nekrolog* fällt recht wohlwollend aus, wenn Schlichtegroll auch Angaben in der Jugendgeschichte berichtigen mußte, die Hippel im Sinne von *Dichtung und Wahrheit* veredelt hatte. Denn Schlichtegroll wollte vor dem Urteil der Zeitzeugen bestehen, die Hippels Schwächen kannten, »den oft grellen Abstand seines Wortes von seiner Handlungsweise, und das ganze künstlich-berechnete Spiel seines Lebens […]. Die schöne Täuscherey, die dem Dichter erlaubt ist, steht mir nicht frey zu wählen«. (SCHL, S. 13f.) Da er Hippel nicht persönlich gekannt hat, folgte er den Charakterisierungen und Urteilen, die nach dem Tod des Stadtpräsidenten im Umlauf waren.

Viel später trat Hippels gleichnamiger Neffe[5] auf den Plan, um endlich seinen Verpflichtungen gegenüber dem Patenonkel nachzukommen, der ihn als Alleinerben und Nachlaßverwalter eingesetzt hatte. In seiner Gesamtausgabe von Hippels Werken lieferte Theodor Gottlieb d.J. das Original der *Selbstbiographie*,[6] einige Briefe und aus eigener Feder *Hippel's Leben* (1835). Diese Zeugnisse sind von besonderem Wert, weil sie aus nächster Anschauung, doch aus zeitlicher und persönlicher Distanz geschrieben sind.[7] Zudem gab er die *Briefe an Scheffner*[8] (1838/39) heraus, die, wie er über den Schriftsteller und Stadtpräsidenten sagt, »aus dem Innersten seiner Seele gedacht und geschrieben, uns sein Leben bis in die tiefsten Falten des Gemüths sehen lassen, und so die Biographie […] ergänzen«.[9]

Verletzt durch den Verriß eines Jugendwerks,[10] hatte sich der Schriftsteller Hippel schon als Student für die Anonymität entschieden. Im Laufe seines Lebens schrieb er Dramen und Romane, geistliche Lieder, Reden und Abhandlungen. Seine Werke sind von unterschiedlichem Niveau, oft Gelegenheitsarbeiten. Großer Wertschätzung erfreut sich nach wie vor der satirische Freimaurer-Roman *Kreuz- und Querzüge des Ritters A bis Z* (1793/94); bahnbrechend und von erstaunlicher Aktualität sind seine Schriften *Über die Ehe* (1774, 1776, 1792, 1793), *Über die bürgerliche Verbesserung der Weiber* (1792) und *Nachlaß über weibliche Bildung* (1801).

Hippels bedeutendstes Werk ist zweifellos der autobiographisch zu verstehende Roman *Lebensläufe nach aufsteigender Linie nebst Beylagen A, B, C* (1778/81), zu seiner Zeit viel gelesen und bewundert, vor allem in Kurland[11] und Ostpreußen, seinen Schauplätzen. Noch heute gibt er dem Leser einen lebendigen Einblick in die Welt der Königsberger Aufklärung, die wegen der Abgeschiedenheit der östlichen Gebiete im Vergleich zur Berliner Aufklärung eine besondere Ausprägung erfahren hat. Das vierbändige Werk ist nicht leicht zu lesen, denn die »launig« erzählte Geschichte wird unterbrochen durch Reflexionen, eine empfindsame Liebesgeschichte, Satiren, geistliche Lieder, Bibelstellen und Sprichwörter. Dennoch lohnt sich die Mühe, denn der Jurist und Politiker erweist sich als geistvoller Schriftsteller voller Witz. Obwohl es sich lohnen würde, hat der Roman kaum eine Chance, neu aufgelegt zu werden. Darum soll Hippel hier in den verschiedenen Facetten seines Schreibens selbst zu Wort kommen, wann immer der Zusammenhang der Darstellung es zuläßt.

1. »Lebensläufe nach aufsteigender Linie«

Ein humoristischer Roman

> Man könnte sagen, man wäre launig, wenn sich die Seele ohne Spiegel angezogen hat.[1]

Hippel ist eine Spielernatur. Er liebt es, die Dinge in der Schwebe zu halten, und legt Wert auf ironische Distanz. Selbst seinen Freunden gibt er Rätsel auf, hält sie im ungewissen bis zur bewußten Täuschung, läßt sich nicht in die Karten schauen. Niemandem vertraut er sich ganz an; jeder weiß etwas anderes. Hippel geht so weit, die Freunde gegeneinander auszuspielen. Wohl ist in »poetischen Stunden [...] sein Herz von den Gefühlen der Freundschaft durchdrungen«,[2] so daß er bekennt: »Freundschaft ist Leben; denn ohne sie hat die menschliche Existenz keinen Werth«;[3] den Neffen und Nichten allerdings rät er, sich an Freunde zu halten, die ihnen »an Wissen, Geisteskraft oder sonst überlegen«, also nützlich sind.[4] Hippel pflegt das Rollenspiel als Lebenshaltung. Von jeher liebt er das Theater – auch in Zeiten höchster Belastung geht er drei- bis viermal wöchentlich in die »Comödie«. Er schätzt Schein und »Schminke«, die »moralische Toilette«, denn er traut sich und den Menschen nicht. Im spielerischen Umgang mit dem Leben wie auch in seiner Schriftstellerei übt er sich in Stilisierungen; Rituale ermöglichen Freiräume für Ironie.

Auf der Rückfahrt von Petersburg (1761), ganz auf sich gestellt, vor einer ungewissen Zukunft, notiert er in seinem Reisetagebuch:

> Nosce te ipsum – ist eine philosophische Aufgabe, schwerer als zehn pythagorische Theoreme. Jeder Mensch, der über sich nachdenket, findet einen Knauel unauflöslicher Räthsel, an die er, ohne unwahr zu werden, sich nicht wagen mag; dieß demüthiget seine Vernunft.[5]

Wo liegt der innere Schwerpunkt dieses Lebens? Der eben ernannte Bürgermeister klagt in einem Brief an seinen vertrauten Freund Johann George Scheffner über die unerwartete Belastung: »[...] ich, der ich so viel von meinem vorigen Ich verloren habe.«[6] Wie ist das Ich zu bewahren oder auch nur zu bestimmen? In dem Maße, wie der Aufstieg ihn fordert, braucht Hippel die Vergewisserung seiner selbst in der Schriftstellerei. Im Unterschied zu Rousseau, dessen *Confessions* ihm unbehaglich sind, weil sie zu Mißverständnissen und zur Notwendigkeit immer neuer Enthüllungen führen, hält Hippel sich bedeckt, wohl wissend, daß Einsamkeit der Preis ist.

Der Schriftsteller ist fröhlich und guter Dinge, den Weg eines so gut gewählten Incognito's eingeschlagen zu haben, auf welchem er, ohne irgend jemand mit seinem Ich zu beschweren und ins Gehege zu kommen, diese Lieblingsneigung, von sich selbst zu reden, die mit dem Lebens- und Erhaltungstriebe so nahe verwandt ist, befriedigen konnte.[7]

In den *Lebensläufen* ist deutlich auszumachen, wie spielerisch der Schriftsteller mit dem »Ich« umgeht. Es erscheint in wechselnden Identitäten, aus verschiedenen Blickwinkeln gesehen, auf unterschiedlichen Ebenen der Erzählstruktur. So beginnt der Roman:

Ich – Halt! – Ein Schlagbaum – Gut – wohl – recht wohl – ein wachhabender Officier! – wieder einer mit einem Achselbande zu Pferde – zu Fuß – von der Leibgarde – von der Garde der gelehrten Republik – ich ehr' ihre Uniform, meine Herren, und damit ich Sie der Mühe überhebe mir die üblichen Fragstücke vorzulegen, mögen Sie wissen, daß ich, wie der Paß oder Taufschein es ausweiset, ein Schriftsteller in aufsteigender Linie bin.

Das »Ich« des Autors behauptet sich ironisch gegen die uniformierten, also mit Autorität ausgestatteten Rezensenten. ›Launig‹ ist dieser Anfang, spontan; kein erster Satz, sondern kurze Ausrufe, die Hippels Absicht demonstrieren, lebensecht zu schreiben.

Ich, und kein anderer hat dieses Buch geschrieben [...], beschließen Sie, was sie wollen über mein Buch, meine Herren, nur meine Person lassen Sie in Ruhe.

Darauf folgt – als scheinheilige Frage an die Kritiker – der spielerisch-ironische Übergang zur Ebene Alexanders, des Helden der Erzählung:

Daniel Chodowiecki: *Kupferstich zu
»Lebensläufe nach aufsteigender Linie«. Titelblatt.*

Was meinet ihr Herren majorium gentium, soll ich mit einem
großen I anfangen, oder mit einem kleinen?
Den Schlagbaum auf!
Ich bin in Curland auf dem Kirchdorfe *** gebohren.
(LL I, S. 1-11)

Dieses »Ich« ist gegenwärtig als Autor, der sein anonymes Schreiben rechtfertigt und sich gegen die »Kunstrichter« zur Wehr setzt; als Erzähler, der seine ›Romanhelden‹ vorstellt und kommentiert sowie den Leser anspricht; als ›Räsonneur‹,[8] der Betrachtungen zu

Religion und Philosophie einstreut; vor allem als Alexander, der sein Leben erzählt.⁹

Das ›Ich‹ in verschiedenen Rollen durchzuspielen ist Hippels Weg, »das Kapitel Ich und das Kapitel Ich Selbst« aufzuschlagen,¹⁰ seine individuelle Problematik literarisch zu verarbeiten. Das macht die Lektüre nicht leicht. Mangelnde Gestaltungskraft ist Hippel vorgeworfen worden; es sei eine Zumutung, drei Bücher zugleich lesen zu müssen: einen ›launigen‹ Roman als angeblich autobiographische Lebensgeschichte (Alexanders Leben), eine empfindsame, auf Rührung angelegte Liebesgeschichte (zwischen Alexander und Minchen), eine Sammlung spekulativer Reflexionen. Die Irritation ging so weit, daß man nach Erscheinen des Romans verschiedene Verfasser vermutete; zeitweilig schrieb man Kant die philosophischen Betrachtungen zu.

Das »Ich Selbst« weist auf die Ästhetik des Sturm und Drang; Hippel will nicht

> bey Hand und Lehrbüchern, sondern bey seinem Genie in die Schule gehen und ihm Folge leisten, und die Logik dem natürlichen Gange seines selbst eigenen Geistes, so wie die Moral seinem Gewißen, zu verdanken haben. Wohl dem, der sich von allem entkleiden kann, was nicht er selbst (das letzte Hemde nicht ausgenommen) ist! (LL II, S. 244)

Freiheit von einengenden Konventionen des Schreibens, Vertrauen in die eigenen Geisteskräfte, Mut, nur dem Gewissen zu folgen – in der Rolle des anonymen Dichters bekennt sich Hippel zu kompromißloser Subjektivität.

Das relativiert die in der Aufklärung vorherrschende didaktische Funktion von Literatur; der Prozeß des Schreibens zur Erkundung des »Ich Selbst« tritt in den Vordergrund:

> Das Schreiben kommt mir als ein vernünftiger Monolog vor, die beste Manier, wie man zu sich selbst kommen, und sich ein Wörtchen ins Herz und Seele hinein bringen kann.
> (LL III, S. 375)

Die Verteilung des »Ich« auf verschiedene Rollen – ist das »Selbst« am Ende nicht mehr als die Summe dieser verschiedenen Entwürfe?

Dem Leser bleibt nichts übrig, als geduldig mitzuspielen. Ihm wird viel abverlangt; der Erzähler spricht ihn ständig an, macht ihn zum »Mitarbeiter an seinem Werke« (LL II, S. 2). Je mehr Dialog zwischen Erzähler und Leser, um so mehr Lebensnähe, auf die es vor allem ankommt; »wenn gleich meine Leser oft nur Thal, Berg und Gesträuch gesehen haben, so war es doch wenigstens nicht durchs Glas« (LL I, S. 320), d.h., der Erzähler verzichtet auf die Lupe; vielmehr wird vor dem Leser die ungeordnete Vielfalt des Daseins ausgebreitet. Gleich zu Beginn des Romans stellt der Erzähler klar: »Ich werde mich so nehmen, wie ich mich finde. [...] So lange meine Leser gehen können, will ich ihnen keine Krücke geben.« (LL I, S. 2f.)

Ironische Verwirrspiele betreibt Hippel mit der poetologischen Frage, ob sein Werk ein ›Roman‹ sei. Für den Autor bietet die fortlaufende Handlung des Romans auch die Möglichkeit, seine zahllosen Notizen unterzubringen. Die daraus entstehenden formalen Brüche sieht er als Stilmittel, um Natürlichkeit und wahres Leben zu suggerieren.[11]

> Roman? Und wenn es denn einer wäre! [...] Wäre mein Buch also ein Roman: warum solte ich es zurückhalten? [...] Seht ihr aber, ihr Romanhelden! seht ihr nicht in meinem Buche das gemeine Leben? Ist der Geist wahr, wie er denn wahr und wahrhaftig ist, was kümmert euch der Leib? (LL IV, S. 597-599)

Hippel hatte literarische Vorbilder, die seiner charakterlichen Disposition entgegenkamen. Die als ›humoristisch‹ bezeichneten Romane des Engländers Laurence Sterne (1713-1768) – *Das Leben und die Meynungen des Herrn Tristram Shandy* (1759-67) und *Yoricks empfindsame Reise durch Frankreich und Italien* (1768) – gingen damals von Hand zu Hand. Sternes ›launige‹ Erzählweise mit Abschweifungen und Unterbrechungen, dem Wechsel der Perspektiven, mit Reflexionen aller Art, Gesprächen mit dem Leser und Kapiteln, die man überschlagen darf, entwickelte sich in Deutschland zur Mode: »Als man Sterne in Deutschland zuerst ausschiffte, bildete und zog er hinter sich einen langen wässerigen Kometenschweif damals sogenannter (jetzo ungenannter) Humoristen, welche nichts waren als Ausplauderer lustiger Selbstbehaglichkeit«, sollte

Jean Paul (1763-1825) später in seiner *Vorschule der Ästhetik* (1804) schreiben.[12] Doch die *Lebensläufe* des unbekannten Autors, obwohl eine *Sterniade*, fanden seine ungeteilte Bewunderung, so daß Schlichtegroll nicht von ungefähr seinen *Nekrolog* auf Hippel dem jüngeren Jean Paul widmete; er nennt ihn den »Geistesbruder« Hippels.[13]

Für den humoristischen Dichter spielt das ›Ich‹ die erste Rolle. Damit hängt die Art des Erzählens zusammen; das ›Ich‹ kann, wie bei Hippel gezeigt, sich spielerisch verwandeln, es kann sogar, wie im *Siebenkäs* von Jean Paul, die Handlung regieren, ja zaubern: »Ich bekomme jetzo vor meinen Schreibtisch die lange Hochzeitstafel gestellt [...]«.[14] Jean Paul definiert die humoristische Literatur als Gattung: »Entweder das Ideal herrscht im Objekte – dann ists die sogenannte ernste Poesie, – oder im Subjekte – dann wird es die komische«. Die »komische Individuation«, vermittelt durch Swift und Sterne, berge die Gefahr des »vorlauten Aussprechens des Komischen«; Jean Paul warnt vor dem »selbstsüchtigen Genießen und Ausdehnen der Empfindung«. Ein Charakter solle sich durch Rede und Handlung indirekt äußern; der humoristische Autor beachte »den farbigen Rand und Diffusionsraum fremder Bezüge« und wisse das »Nonsensikalische in seiner scheinbaren Angrenzung an den Wahnsinn in die Komposition zu dirigieren«.[15] Wie zu zeigen sein wird, hat es den Anschein, als seien diese Kriterien der Lektüre der *Lebensläufe* entnommen. Auch Goethe war ein interessierter Leser des Romans, doch er hatte Einwände gegen den humoristischen Stil, »wenn es dem Humoristen erlaubt ist, das hundertste ins tausendste durcheinander zu werfen, wenn er kecklich seinem Leser überläßt, das was allenfalls daraus zu nehmen sei, in halber Bedeutung endlich aufzufinden«.[16]

Hippel hatte die humoristische Schreibweise erfolgreich in seinem Buch *Über die Ehe* (1774) erprobt. Je mehr Zeit ihn die politische Karriere kostete, um so mehr verfiel er auf das Sammeln und Notieren von Stoffen aller Art, die er im Roman oft unvermittelt, doch mit Witz zusammenfügte.

Eine erträumte Biographie

Ausdrücklich betont Schlichtegroll in seinem *Nekrolog* den autobiographischen Charakter von Hippels Schriften:

> In jede [...] legte dieser originelle Denker den Abdruck seines eigenen Wesens [...]. In den Lebensläufen i. a. L. lebt und webt er mit den Seinigen so lebendig, als es ihm der Vorsatz, nicht erkannt seyn zu wollen, nur immer gestattete; und so sind seine Bücher vielmehr, als bey andern Schriftstellern, ganz einfach unter die Quellen seiner Biographie zu rechnen; jedoch so, daß man dabey seinen durchgängigen Hang zum Idealisiren, wenn er erzählt, nicht übersehen muß. (SCHL, S. 9f.)[17]

Im Schutz der Anonymität entwirft Hippel mit der Figur des Alexander ein erträumtes Ich, ein Leben, wie es hätte sein sollen. Er läßt ihn aus Kurland stammen, obgleich er mit »Curländern« nicht viel im Sinn hatte. Die baltischen Länder Kurland und Livland kannte er nur dem Hörensagen nach, doch waren sie mit der Stadt Königsberg und seinem Leben eng verbunden. Herder ging von Königsberg nach Riga, Lenz kam von dort und studierte in Königsberg. Die große Mehrzahl der Balten, die über Generationen das Gymnasium Friedrichskolleg und die Universität *Albertina* besuchten, blieb nicht in Königsberg. Sie entstammten dem deutschen Großgrundbesitz, wie er aus der Eroberung der baltischen Länder durch den Ritterorden hervorgegangen war, und kehrten nur zu gern in ihr heimisches Landleben zurück. Waren sie stumpf und ohne Geist, forderten sie Hippels Zorn und Spott heraus; aber den frei denkenden, gebildeten Persönlichkeiten des Herzogtums Kurland versagte er seine Bewunderung nicht.

Innerhalb dieses Rahmens bewegt sich der Roman – die Gestaltung der Charaktere wie auch der Handlung.

Wie sieht die Fabel aus?

Der Erzähler Alexander wächst in einem Pfarrhaus auf. Schon als Kind verliebt er sich in die Spielgefährtin Minchen. Am Sterbebett von Minchens Mutter schwören sie sich ewige Treue, werden jedoch getrennt, als Alexander zum Studium nach Königsberg geht.

Zuvor fährt er mit seinem Vater auf das Landgut des Herrn von G., dessen Sohn Gotthart mit ihm in Königsberg studieren soll. Dort rettet Alexander Lorchen, der Tochter des Hauses von W., das Leben. Minchen dagegen wird Opfer einer Intrige und flieht nach Preußen, wo sie Asyl bei einer Predigerfamilie findet; Angst und die Strapazen der Flucht lassen sie noch vor der Ankunft Alexanders sterben.

Alexander gibt seinem Leben eine neue Wendung, als er sich entschließt, in Göttingen Militärwissenschaften zu studieren. Dort erreicht ihn die Nachricht vom Tod der Eltern. Später zeichnet er sich im russischen Heer aus und wird nach einer Verwundung als Major entlassen. Von der Zarin erhält er einen wichtigen diplomatischen Auftrag, dessen erfolgreiche Ausführung mit dem Adelstitel und einem Landgut belohnt wird. Später erfährt Alexander, daß er ohnehin von Adel ist. Damit steht einer Verbindung mit Lorchen von W. nichts mehr im Weg. Das Paar sieht in dieser Ehe die Erfüllung des geistigen Testaments Minchens. Der einzige Sohn Leopold stirbt; Minchen hat dessen Tod vorhergesagt. Diese letzte Prüfung läßt die noch jungen Eltern erfahren, wie nah Leben und Tod beieinanderliegen. Um von seinem Kummer abzulenken, trägt sich Alexander mit dem Gedanken, ein Amt zu übernehmen.

Eine rührselige Geschichte, die auf Vorbilder hinweist wie den damals gleichfalls beliebten Roman *Clarissa* von Richardson. Die Gefährdung von Clarissas Unschuld durch einen adligen Bösewicht und ihr breit geschildertes Sterben stellen ein Grundmuster dar, das Hippel bis in Einzelheiten übernommen hat. Der zeitgenössische Leser wurde zudem an die *Nouvelle Héloïse* des von Hippel verehrten J.-J. Rousseau erinnert; die tragische Verbindung von Liebe und Tod kannte er wohl aus dem *Siegwart* von Johann Martin Miller, zwei Jahre vor den *Lebensläufen* erschienen. Hippel bewunderte Goethes *Werther* (1772), wenn er auch mit dessen Ende nicht einverstanden war.[18]

Also hat er einen konventionellen Unterhaltungsroman geschrieben, bewährte Klischees verwendet, um den Geschmack des zeitgenössischen Publikums zu treffen? Dieser Wunsch hat sicher mitgespielt, doch ging es Hippel in erster Linie um das Verständnis seiner selbst. Er bedurfte der Reflexionen, der Um- und Seitenwege, so daß Alexanders Geschichte nur einen Teil des Romans ausmacht. Hippel ist sich der verwirrenden Vielfalt seiner Texte bewußt. Fast entschuldigend wirbt er um Verständnis beim Leser, den er als Verbündeten empfindet:

> Man muß beym Lesen die Seele des Buches suchen, und der Idee nachspüren, welche der Autor gehabt hat, alsdann hat man das Buch ganz. Zuweilen ist freylich die Seele schwer zu finden, wie bey manchem Menschen sie wahrlich auch schwer zu finden ist. Der Verfaßer selbst würde Mühe haben, die Seel aus seinem Buch herauszurechnen – indessen hat jedes Buch eine Seel! Etwas hervorstehendes wenigstens, und gemeinhin pflegt sich hiernach das Uebrige zu bequemen. (LL II, S. 242)

Leitbilder

Die »Seele des Buches« zeigt sich in den Bildern, die Alexander, der Held des Romans, für die Personen seiner Lebenswelt findet.

Der Vater, Pastor im Kirchdorfe *** in Curland, gibt seine Herkunft niemandem preis.

> Es pflegte der gute ehrwürdige Mann von Curland zuweilen als von einer Herberge zu reden, wo man sich oft länger als man wünscht, weil der Reisewagen gebrochen ist aufzuhalten gezwungen sieht. Bei mir zu Hause eßen wir um diese Zeit Spargel, pflegte er zu sagen; bei mir zu Hause raucht man um diese Jahreszeit eine Pfeife Toback in der freien Luft, bei mir zu Hause hat man Trauben und den Wein bei der Quelle. So ungern er also auch im Herzen in Curland zu seyn schien, und so oft er im Stillen durchs Fenster gesehen haben mag: ob der Reisewagen noch nicht in Ordnung wäre; so hielt er dennoch mit seiner Abneigung zurück. (LL I, S. 17)

Im Falle des Pastors durchzieht das Leitmotiv von Spargel, Pfeife, Trauben und Wein als Ausdruck von Geheimnis und Sehnsucht den gesamten Roman. Ein empfindsamer, in sich gekehrter Mensch, eingesponnen in sein Fremdsein, harrt an dem Ort aus, den das Leben ihm zugewiesen hat. Dabei nimmt er seine Aufgaben gewissenhaft wahr, bezieht auch Position, wie die Grundsätze zeigen, die er dem Sohn als Lebensregeln für das Studium in Königsberg mit auf den Weg gibt:

> Daß jeder Kinderlehrer geheyrathet seyn müße, wissen wir schon. Man hat sagt' er lang auf Verbesserung der niedern Schulen gedacht und freilich müßen diese eher verbessert werden als hohe wo du mein Sohn dein Heil versuchen sollst; allein man solte noch eine Stuffe herunter treten und mit der Verbesserung der Mütter dieses gute Werk anheben. Man solte Töchter ziehen ehe man noch an Söhne kommt. Jetzt ist die Erziehung, wenn man an die Männer appelliert gemeinhin schon in der ersten Instanz von unwissenden und ungeschickten Sachwaltern verdorben und die Kur einer von der Mutter verfälschten Seele.
> (LL I, S. 192)

Revolutionäre Töne, die interessierte Zeitgenossen wie Hamann schon 1774 in dem – ebenfalls anonym erschienenen – Buch *Über die Ehe* vernommen hatten. Sogleich wurde spekuliert, daß beide Werke den gleichen Verfasser haben könnten.[19]

> Schul und Welt ist jetzt zweyerley. Schulbegriffe sind mit einem Worte solche denen die Erfahrung widerspricht.
> Schullehrer! Bleibt nicht auf der Banck mit euren Schülern, sondern zieht mit ihnen in die freye Luft der Natur, werdet Peripateticker. Lehret sie im Angesichte Gottes – oder laßt sie nur herum gehen; die Natur selbst wird sie besser unterweisen als ihr, wenn ihr Gottes Wetter nicht ertragen könnet. (LL I, S. 195f.)

Die Nähe zu Rousseau und zur Reformpädagogik ist unverkennbar. Seit dem *Emile* (1762) entwickelte sich – allerdings nur in der schmalen Bildungsschicht – ein verändertes Bild des Kindes, das in seiner Eigenständigkeit gegenüber der Welt der Erwachsenen entdeckt wurde. Joachim Heinrich Campe (1746-1818) führte die Kinder in die Natur, damit sie aus der Anschauung lernten;[20] Johann Bernhard Basedow (1724-1790) hatte 1774 in Dessau eine Reformschule, das »Philanthropin«, mit dem idealistischen Anspruch gegründet, die Ideen des *Emile* zu verwirklichen.

Die Mutter schildert Alexander als Gegenpol zum Vater. In eindringlichen Bildern entsteht das Porträt einer aus dem Herzen lebenden Frau voll spontaner Frische, musikalisch, lutherisch fromm und äußerst gefühlvoll:

> Ich kann es nicht schicklicher anbringen, daß meine Mutter bey aller Gelegenheit feierlich war. Es ward im Pastorat mit nichts anders als mit Weyhrauch geräuchert: alles was meine Mutter vornahm ward besungen.[...] Sie sang mit Kind und Rind.
> (LL I, S. 30)

> Meine Leser werden es mir verzeihen, daß ich sie so lange im Finstern gelassen: Ohne zu bemerken daß meine Mutter vier Lichte auf dem Tisch angezündet hatte. [...] Drei von diesen Lichtern löschte meine Mutter so aus wie andre Leute ihre Lichte auslöschen. Das Vierte ein abgebrannter Stumpf war wärend dieser Zeit dem Verlöschen nahe. »Komm! sieh und lerne sterben« sagte sie zu mir. Ich sah ein ausgehendes Licht und meine Mutter betete mit einer Innbrunst die mir durch die Seele ging – Und wenn mir die Gedanken / vergehen wie ein Licht / das hin und her thut wanken / bis ihm die Flamm gebricht; / alsdenn fein sanft und stille / laß mich Herr! schlafen ein / nach deinem Rath und Willen / wenn kommt mein Stündelein.
> Ich sah, was meine Mutter sagte und oft! oft! hab ich mein Licht so ausbrennen laßen, um dieses Fest zu wiederholen.
> Meine Mutter legte die Hände sobald alles aus war auf mich, um mich priesterlich zu seegnen. Wir weinten beide. –
> (LL I, S. 51f.)

Die so unterschiedlich veranlagten Eltern sind bestimmend für Alexanders Entwicklung. In seiner scheuen, zurückhaltenden Art vermittelt ihm der Vater Bildung und Orientierung; die zum Schwärmen neigende Mutter fördert Alexanders musische Anlagen und stärkt seine emotionalen Kräfte.

Herr v. G. und sein Sohn Gotthart, auch sie Persönlichkeiten, die Alexanders Leben bestimmen, gehören dem baltischen Landadel an. Alexander erlebt sie als gegensätzliche Vertreter dieser Welt. Herr v. G., der Freund seines Vaters, ist ein vornehmer Edelmann mit

Herzensbildung, treuherzig und direkt, gut aufklärerisch gesonnen, wie in seiner kräftigen Ausdrucksweise deutlich wird. Oft hat der altkluge Junge Gelegenheit, den ausführlichen Gesprächen beider zuzuhören.

> Vater. Jemanden mit weinenden Augen lachen sehen, ist ein schöner Anblick – Ein Regenbogen ists – Schriftsteller, die Thränen mit dem Lachen kämpfen lassen, so, daß keines die Oberherrschaft erhält, treffen das Leben eines Weisen.
> Herr v. G. Citronensaft mit Zucker. Ich für mein Theil liebe nichts sauersüßes. Es lebe das fröhliche Herz. Ist das Lachen gleich Widerspruch, auch da ist das Leben getroffen, wenn gleich nicht das weise Leben. Was ist in der Welt ohne Widerspruch? Sind doch bey uns im Sommer oft kalte Tage, regnet es doch, wenn wir erndten wollen, und doch ist diese Welt die beste!
> (LL I, S. 407f.)

Hippel wird manch selbstgewissen Aufklärer im Sinn gehabt haben, dem »diese Welt die beste« ist; als Rezensent juristischer Schriften hatte er Verbindung zu Friedrich Nicolai in Berlin. Herr v. G. steht für den rationalistischen Zeitgeist, eine Vernunftreligion, die er in einer Bekenntnisschrift *Gott allein die Ehre* darlegt. (LL IV, S. 199-253)

> Was kann es dem lieben Gott helfen, wenn ich, dem lieben Gott zu Ehren, meiner begangnen Sünden halber einen Trauerrock anlege, mit Klötzen an den Füßen gehe? [...] Es besser machen, durch Schaden klug, wie neu gebohren werden, ein ander Leben anfangen, das heißt: Buße thun, und dies führt die Vergebung der Sünden mit sich. Das Bewußtseyn einer guten That, wodurch wir uns am Morgen des neuen Lebens auszeichnen, vertreibt die vorige finstre Nacht der Sünden! – Es ist so, als wenn man ein frisches Hemd anzieht! –
> (LL IV, S. 234)

Es ist bezeichnend für Hippel, wie er Herrn v. G. seine Ausführungen beenden läßt:

> Hiermit will ich diesen Aufsatz schließen, den man wohl schwerlich von einem curschen von Adel erwarten sollte.
> (LL IV, S. 253)

Ganz anders der Ton, in dem der Sohn Gotthart geschildert wird, der sich eher zu den schlichten Landjunkern zählt. Hippel macht kein Hehl aus seiner Verachtung; er zieht alle Register der Satire, wenn er Alexander berichten läßt:

> Die Herren v. X. Y. Z [...] schienen von curscher Politik, Wein und Waldhörnern trunken, so daß sie sich weder in Rücksicht des Leibes, noch der Seele, aufrecht halten konnten. Sie saßen nicht, sondern lagen auf ihren Stühlen; jeder hatte sich zwei Stühle zugeeignet, den dritten Stuhl rechne ich nicht, auf dem der rechte Arm übergeschlagen lag: denn auf diesem dritten ungerechneten saß die eine Hälfte des Nachbars. [...]
>
> Mein Reisegefehrt war nicht Fisch nicht Fleisch. Er hatte mit mir Brüderschaft gemacht, und ich hatte Hoffnung ihn zu erweichen, und ihn zu einen gutgesinnten Kirchenpatron zu bekehren, der die Jagd andern Pflichten unterordnen muß; allein die Herren v. X. Y. Z., als jagdgerechte Jäger, hatten ihn wieder ganz und gar [...]. Doch muß ich (und das wird meinen Lesern eine erfreuliche Nachricht seyn, weil der jüngere Herr v. G. ein Sohn des ältern Herrn v. G. ist) pflichtschuldigst bemerken, daß er seinen künftigen Pastor nicht völlig vergessen hatte. Wenn er seine Pfeife nachstopfte und aus dem Takte kam, brach sich sein Blick durch den Nebel zu mir, und da seine Pfeife glühete und nicht sogleich wieder geladen werden konnte, kam er sogar zu mir, faßte mich brüderlich an und fragte: warum so traurig? und warum nicht auch Puf und Paf mitgemacht? So was, fügt' er hinzu, stärkt das Auge, und wenn wir morgen auf die Jagd gehen, hast du schon eine vorläufige Theorie, die du benutzen kannst. –
>
> (LL II, S. 10-14)

In den *Lebensläufen* steht das bedächtig rationale Element in der Person des Vaters und seines Freundes Herr von G. unvermittelt neben dem emotionalen Schwelgen der Mutter oder den noch zu schildernden Verzückungen Minchens und Alexanders. Insofern folgt Hippel einer Mode des späten 18. Jahrhunderts, die Spannung zwischen rationaler Aufklärung und Empfindsamkeit in der Gestaltung der Charaktere recht wirkungsvoll darzustellen. Im Sinne der späteren Ästhetik Jean Pauls charakterisiert Hippel seine Figuren indirekt und weniger durch ihr Handeln als durch die besondere Art ihrer bildhaften Ausdrucksweise. Damit gewinnen die *Lebensläufe* – trotz der erwähnten Nachahmungen – eigenes Profil und literarische Qualität.

Zum Aufspüren der »Seele des Buches« gehört unverzichtbar das *Dekangespräch*, in welchem Hippel den Freund Kant als Professor »Großvater« auftreten läßt. Alexander und der junge Herr von G. wollen sich in Königsberg als Studenten einschreiben und müssen deshalb zum Examen bei »Seiner Spektabilität«, dem Dekan, antreten. Alexander erzählt:

> Se. Spektabilität schienen ohnedem überschwenglich lustig, und, wie wir nach der Zeit erfuhren, waren sie die Nacht vorher Grosvater geworden. – Sie kamen uns mit einem mundvoll Latein entgegen, und erkundigten sich in dieser Sprache nach unserem Namen? Geburtsort? und Alter? Ich antwortete sehr behende, und da das lateinische Gespräch blos zum Spaß angehoben, von mir aber im Ernst fortgeführt wurde; so wolten Se. Spektabitität es durchaus nicht glauben, daß ich ein Curländer wäre.
> (LL II, S. 212f.)

> Endlich fiengen Se. Spektabilität (auch dies, weil sie Grosvater geworden waren,) etwas aus der lieben Weltweisheit an. Es sah so aus, als wenn wir einen Ritt dran wagen wollten. […] aus unserm Examen ward ein Gespräch, ein Piknik, wo jeder sein Schüsselchen giebt.
> (LL II, S. 221)

Alexander zeigt, daß er sich die Lehren seines Vaters zu eigen gemacht hat, und argumentiert als Verehrer Rousseaus:

> Es giebt Natur-Philosophie und Kunst-Philosophie. Leben! Leben! Leben! und Schulweisheit. Philosophie, die blos weiß, und Philosophie, die weiß und thut, gelehrten Wust und Weisheit. – […] Die natürliche lehrt die Zeit gebrauchen, die künstliche, sie vertreiben. Die Naturphilosophie ist fließend Waßer, Springwasser, die künstlich' ist Waßer, welches steht. […] Wohl dem, der von diesem Waßer des Lebens getrunken hat! (LL II, S. 222f.)

> Meine Leser werden, hoff' ich, nicht vergessen haben, daß sie zu einem Piknik geladen sind, wo nur Se. Spektabilität und ich (meinen Vater kann ich immer mit einrechnen) ihr Schüßelchen

auftrugen. Wenn ein Koch diese Schmauserey angeordnet hätte, wär es freylich abgemessener gewesen – ob schmackhafter, weiß ich nicht. (LL II, S. 228)

Hippel liefert im folgenden eine respektlose Parodie auf Thesen der *Kritik der reinen Vernunft*, die erst 1784 erscheinen sollte, allerdings, um mit Jean Paul zu sprechen, ins »Nonsensikalische« abgewandelt, also nicht recht ernst zu nehmen:

> Wozu die Prolegomena, und das erschrekliche Geschrey: da werden Sie sehn! da werden Sie sehn! Gleich das Lied, ist am besten! Wenn ich heißhungrig bin und der Wirth, der mich geladen hat, zeiget mir erst seine drey Porcelain Service und sodann sein Silberzeug, und endlich seine Faiance, bis ich mich überhungert, und keine ordentliche Mahlzeit thun kann, wie wenig Ursach hab ich den Wunsch einer gesegneten Mahlzeit anzunehmen, und mich ergebenst zu bedanken; […] Warum nicht kurz präsentirt: Herr Gott dich loben wir. Befiel du deine Wege. […]
>
> Wir waren im Begrif, uns recht viel Metaphysik ins Auge zu streuen; allein siehe da! Die Hausmütze Sr. Spektabilität, die Grosmutter, würgte die Thür' auf, und blinkte durch ein Ritzchen. Man sahe, daß die alte Frau noch einen Brand im Auge hatte. Sie schlug einen Strahl[21] ins Zimmer. Dieser Wink solt' ihren lieben Ehegatten zum Schluß bringen, weil sie onfehlbar beym Grossohn den Abend versprochen waren.[…]
>
> Die moralische Maximen, fingen Se. Spektabilität, nach diesem Blick durchs Ritzchen, (ich weiß nicht warum?) an, zeigen, wie ich der Glückseligkeit würdig werden könne; die pragmatischen zeigen, ihrer theilhaftig zu werden. Die Moral lehrt, der Glückseligkeit würdig zu seyn; ihrer theilhaftig zu werden, ist eine Lehre der Geschicklichkeit. Es ist nicht möglich, die Regeln der Klugheit und der Sittlichkeit zu trennen. Es ist kein natürlicher Zusammenhang zwischen dem Wohlverhalten und der Glückseligkeit: um es zu verbinden, muß man ein göttliches Wesen annehmen. Ohne dies kann ich keine Zweck' in der Welt finden, keine Einheit. – Ich spiel' in der Welt blinde Kuh. – Ohne Gott hab ich keinen Punkt, wo ich anfangen soll, nichts, was mich leitet. Gott ist groß und unausspechlich! […]

Alles was da ist, ist im Raum und der Zeit. Raum und Zeit sind Formen der Anschauungen, sie gehn den Erscheinungen vor, wie das Formale dem Wesentlichen. Ich muß Zeit und Raum haben, damit, wenn Erscheinungen vorfallen, ich sie hinstellen und beherbergen könne. Die Objekte der äußern Sinne werden im Raum, die der innern Sinne, in der Zeit, angeschaut. [...]

Vernünfteley (Se. Spektabilität wurden von einer Mücke verfolgt, die um sie herumsauste und sich nicht haschen ließ) ist das, was kein Objekt hat. Was eine Bedingung der Vorstellung und des Begrifs vom Gegenstand ist, machen wir oft zur Bedingung des Gegenstandes selbst, die subjektive Bedingung zur objektiven. – Die Mücke verhinderte Se. Spektabilität, dieses Thema weiter auszuführen. Im Ernst, die Mücke hätte nicht beßer ihre Sache machen können, wenn sie von der Frau Gemahlin Sr. Spektabilität wär' auf den Hals geschickt worden.

(LL II, S. 229-249)

Woher stammten Hippels Kenntnisse? Als Student hatte er in Kants Vorlesungen fleißig mitgeschrieben und sich später Kolleghefte besorgt. Zeitweilig führte er Tagebuch, stets machte er sich Notizen. Scheffner erinnert sich, wie Hippel bei Kants Tafelrunden oft aufstand, »um zu notieren, was aus den Unterredungen seinen Beifall fand. Daher sind in seinen Schriften so viele einzelne auffallende Gedanken. Wunderbar war es, wie ihm dies alles aus seinen Papieren, die er nicht mit Sorgfalt beschrieb, in der Stunde der Komposition zuströmte«.[22]

Liebe und Tod

Die *Lebensläufe* werden als Illusion, als geträumtes Leben, nirgends so deutlich wie in der Liebesgeschichte zwischen Alexander und Minchen. Der asketische und disziplinierte Beamte, der scharfsinnige Jurist, stets bemüht, seine Gefühle zu verbergen, tröstet sich mit einer »Entzückung«, die selbst in Zeiten der Empfindsamkeit ohne Beispiel ist. Doch das Publikum folgte ihm; gerade dieses Herz des Romans wurde in den Lesezirkeln voll Rührung vorgelesen; noch das 19. Jahrhundert sah in der ›Minchen-Episode‹ ein Glanzstück deutscher Literatur.²³

Ohne Zweifel gelingt Hippel in der Gestaltung Minchens eine lebendige Figur voller Innigkeit und Wärme, die seinen sonst eher holzschnittartig gezeichneten Charakteren abgeht. Ein sehr junges Mädchen folgt seinem Herzen und zeigt sich den höchsten Anforderungen des Lebens – Liebe, Leiden und Tod – in souveräner Natürlichkeit gewachsen. Es bleibt Geheimnis, wem dieses Denkmal gewidmet ist; in Hippels Stadthaus gab es eine verschlossene Kammer, dem Andenken Verstorbener vorbehalten. Dort fanden sich »allegorische Zeichnungen [...] von dem Einschneiden des Namens der Geliebten in den jungen Baum bis zum Grabmal der Hingeschiedenen«.²⁴

Die Verkettung von Liebe, Leiden und Tod, in ihrer Wirkung gemildert durch Tränenseligkeit, hat Hippel in seinem Roman von Beginn an vorgezeichnet. Der schwerkranke, erst vierzehnjährige Alexander bekennt seine Liebe zu Minchen im Angesicht des erwarteten Todes:

> Eine Bitte hab ich an Vater und Mutter fing ich nach einer langen Stille an. [...] Verlasset – hier weint' ich zärtlich – Minchen des alten Herrn Tochter nicht. [...] Nach meinem Tode fuhr ich fort entdeck ihr liebe Mutter [...], daß ich ihr gut gewesen bis in den Tod, denn ich möchte gern daß sie mich nicht vergäße und mir auch gut wäre bis in den Tod.
>
> [...] und wenn es seyn kann laßt mich hinter der Kirche an dem großen schwarzen Kreutze begraben wo mein liebstes Lager war. Lieber Vater du weißt den Platz so gut wie ich. Minchen wird, das weiß ich, sich gern auch da begraben lassen – [...] Dann geh' ich mit Minchen wie ein Bräutigam mit seiner Braut aus der Schlafkammer. Eine lange Brautnacht – [...] Wir weinten alle. Die Thränen meiner Mutter flossen sanft, so sanft als ein warmer Mairegen. Mein Vater war heftig. Stirb, sagt' er im Namen Gottes der Himmel und Erde gemacht hat, und meine Mutter: Amen, und ich: Gott mit euch in alle Ewigkeit und wir alle drey zusammen Amen! Amen! (LL I, S. 135-138)

Höchst erstaunlich das Verhalten der frommen Eltern in der Erwartung des Todes ihres Kindes: keine Zuwendung, kein tröstender Beistand für Alexander. Der Vater hält Trauer und Verzweiflung so krampfhaft zurück, daß er nur heftig reagieren kann; die Mutter schlägt, allem Irdischen enthoben, »ohne Schrei ohne Ach ihre Augen gen Himmel«, stimmt sofort ein Kirchenlied an und bedauert, daß sie ihren Sohn nun nicht predigen hören wird. (LL I, 126-130)

Doch Alexander wird wieder gesund, hält seine Predigt und gewinnt damit Minchens Bewunderung und Liebe.

Ich hatte die Gewohnheit zuweilen mit Minchen in ein benachbartes Wäldchen spaziren zu gehen, und nichts war mir angenehmer als wenn ihre natürlich schöne Stimme die Nachtigallen zum Conzert aufforderte und wenn sie von den Vögeln des Himmels accompagniert wurde. Hätte sie bey einem Italiener Stunden genommen; keine Nachtigall hätte sich mit ihr eingelassen. Jetzt sang die ganze Natur mit, weil sich gleich und gleich gesellte und ihr Gesang Natur war. Ich hatte Minchen umgefasst: Sie war mein. Mein Auge sagte laut Ewig mein und das ihre antwortete Ewig dein – In dieser Stellung und während diesem Augengespräch und dem Concert das die Natur dirigirte traf uns mein Vater wie ein Blitz. Ich hatt' ihm sonst nie in diesem Wäldchen begegnet. Mich zu belauschen hatt' ers nicht angelegt, das weiß ich. Da stunden wir und sahen uns an. Lang hielt ich meinen Arm wie um ihren Hals. Sie zog sich aus der Schlinge; allein ich hielt meinen Arm noch immer in der Höhe als ob er ihren Hals hätte, und sie – die der liebe Gott so himmelan gebildet hatte stand wie mich dünckt noch immer so von der Seite so übergebogen so angeschmiegt als ob sie noch nicht auf freiem Fuße wäre; oder als ob sie sich nach mir geformt hätte – Wie ich endlich meinen Arm fallen ließ war's mir, als wenn die Welt fiel, so angst war mir. Wie ihr gewesen da sie wieder ins gerade Geleise kam, konnte sie nie angeben. Wir armen Kinder der Natur! Ich sehe ein wie's dem Adam zu Muthe gewesen da er zum erstenmal inne worden, er sey nackt. Wer nicht empfinden kann was Minchen und ich empfunden, thue mir den Gefallen und lese nicht weiter – (LL I, S. 213-215)

Im Wäldchen. Daniel Chodowiecki: Kupferstich zu »Lebensläufe nach aufsteigender Linie«.

Während diese Szene noch ganz dem Stil der Empfindsamkeit verbunden ist, steht das feierliche Verlöbnis von Alexander und Mine unter einem anderen Stern; es findet am Totenbett von Mines Mutter statt.[25] Die unbefangene Natürlichkeit des Mädchens weicht einer bewußten Stilisierung ihrer Trauer:

> So bald ich ins Zimmer trat artete ihr Schmerz in Kunst aus. Sie verädelte ihre erste natürlichen Aufwallungen; Sie schrie nicht aus: sie seufzte nur ein sanftes Ach! Sie weinte zwar; allein sie

schlugzte nicht, sie goß nicht Thränen sie taute sie nur, sie rang nicht mehr die Hände sie faltete sie. Sie bedaurete ihre Mutter, allein sie war bemüht dabey auch ihrem Vielgetreuen zu gefallen.[…] ich blieb noch einen Augenblick zurück und ging mit Minchen ans Bett ihrer Mutter. […] Ich nahm die mütterliche kalte Hand und rief sie zum Zeugen über mich, daß ich Minchen liebe und lieben würde – Sie fahre über mich sagt' Minchen, so kalt sie da ist, wenn ich einen andern liebe, und tödte mich, wenn ich nicht Minchen liebe, jetzt und bis vor Gottes Thron setzt' ich hinzu.

Wir schieden diesmal von einander als wenn wir Probe stürben! So gerührt! so – (LL I, S. 222-224)

Der Tod wird zum Medium ihrer Liebe, lange vor der später tatsächlich eintretenden Bedrohung. »In Verzückung« entsagen sie der Welt, setzen sich und ihre Liebe absolut, Gott oder dem »All« hingegeben. Minchen schreibt Alexander nach Königsberg:

Wiße also, mein lieber Junge, daß ich ihr [meiner Mutter] kurz eh sie starb, unser Liebesgeheimniß entdeckt habe – […] O lieber Junge, welchen Segen hat sie über uns ausgesprochen. Sie war schon lange wie todt, hatte lange sprachlos gelegen, da ich ihr aber unsere Liebe erzählte, bekam sie ihre Sprache wieder. […] Sie nandte dich Sohn. Das hätte sie in dieser Welt nicht das Herz gehabt, wenn ich gleich würcklich die Frau Pastorin gewesen wäre. Sie fühlt' aber wer sie war! Sie fühlt' ihre Beförderung zum Engel. Sohn! Sohn! Sohn! sprach sie […] Auf ihrem Grabe will ich offt Rath holen wenn ich in deiner Abwesenheit Rath bedarf – und du mußt noch offt, offt so schwarz, so nackt, so unbegraßt, so unbeblümt es gleich da ist (wer wird sich aber für Staub, für seines gleichen fürchten?) offt mußt du noch an ihr Grab mit mir wallfahrten. O Lieber! mir ist so – so – rings ums Herz, als wenn ich meiner Mutter bald folgen werde – […] Junge! deinetwegen, deinetwegen, deinetwegen will ich leben, leiden und sterben – (LL I, S. 248-250)

Sosehr Hippel als Kind seiner Zeit die schauerliche Friedhofsromantik[26] liebt und bereit ist, diese in Leben und Werk voll auszukosten – die Weltentsagung des jungen Liebespaars geht tiefer. Nicht nur für den Pastor ist die Erde ein Jammertal; auch Minchen und Alexander können sich trotz aller Naturseligkeit dem Erdenleben nicht befreunden. Kein Wunder, daß das Verhängnis sich tatsächlich einstellt in der Gestalt des Herrn v. E., der Minchen zwingt, nach Preußen zu fliehen, wo sie an Erschöpfung stirbt.

> – Was dünkt dich, frischer Jüngling, dich, blühendes Mädchen, was dünkt euch, die ihr dieses leset? Wenn euch beym Worte: sie sank ein Schauder durchs Herz fuhr! denkt dran! so wird auch euer Tod kommen, so wird er eintreten. – Darum wachet, wacht, jedes, so dieses Blatt lieset, alt und jung! Ich beschwör' Euch alle bey dem Gott, der an den Tag bringen wird, was im Dunkeln geschah, und der den Rath der Herzen offenbaren kann, ich beschwör jedes, so dieses Blatt lieset, heute! heute! – heute! – eine gute Handlung im Stillen zu thun: diese Handlung, wenn es möglich ist, vor sich selbst zu verbergen – damit sie im Sterben euch Luft zuwehe! Heute Freunde! heute folget mir – heute noch! (LL II, S. 413)

Wer spricht hier? Das ist nicht Alexander, der seine Geschichte erzählt; es handelt sich offensichtlich um einen Erzähler höherer Ordnung. Spricht der Autor in seiner Todesangst? Minchen sieht ihrem Ende gelassen entgegen. Sie denkt an das Unglück des Freundes, der in Königsberg studiert und nichts von ihrem Elend weiß. Über hundert Seiten begleitet der zuweilen in seiner Geduld strapazierte Leser Minchens Sterben; so nimmt er schließlich ihren Tod gefaßt hin.

> An einem sehr schönen Morgen kam der Prediger zu ihr. Gretchen war schon da. Sie nahm den Prediger und Gretchen bey der Hand. Dank! Dank! für alles Gute! Gott lohn Sie, sprach sie sehr leise – für alles, für alles – sie sprach noch schwächer, stammelte, schwieg, blickte sehr schnell auf, sah Gretchen, sah den Prediger an, hob ihr Haupt, fiel zurück, schloß ihre Augen und (Gott, mein Ende sey wie ihr Ende!) starb. – – (LL II, S. 515)

Hippel schreibt an Scheffner: »[...] so bin ich auch in meinem Roman just an einer Stelle, wo keine Laune gilt, – meine Mine stirbt eben; gestern habe ich, oder sie, den letzten Brief an ihren Freund geschrieben.«[27] Die innere Anteilnahme ist spürbar; launige Kommentare sind in der Geschichte von Minchens und Alexanders Liebe nicht angebracht.

Alexander wird zu spät aus Königsberg gerufen; erst auf dem Totenbett sieht er seine Braut wieder.

> Todt! alles todt! sagt' ich und hielt mir den Kopf mit der rechten Hand. Der Pfarrer ergriff meine Linke. Faßung, sagt' er [...] Gott, welche Scene! – – O Mine! Mine! Mine! Mehr konnt' ich nicht, ich fiel zurück. – Eine Seelenohnmacht ergriff mich. –
> O Gott, dieser Lebensstunde, wie viel bin ich ihr nicht schuldig? Dies war der Engel, der mich stärkte. Es war so, als ob die Selige mir Trost eingehaucht, und einen himmlischen Othem verliehen hätte! Ich fühlte mich kräftig, bald! bald! werd' ich seyn, wo sie ist, bald bey ihr seyn!　　(LL II, S. 520-523)

Auch in der Trauer vollzieht sich offensichtlich eine Preisgabe des eigenen Selbst. Während Minchen am Sterbebett der Mutter den affektvollen Schmerz vorführen kann, als der Geliebte bei ihr ist, löst sich Alexander völlig auf; er verliert die »Faßung«. Doch fühlt er sich in diesem Zustand nicht etwa verloren, sondern seiner Braut nahe, erhoben und gestärkt, seelisch verklärt. An anderer Stelle fragt Alexander: »Und wenn alle Fassung nur Betäubung wäre?« (LL II, S. 161) Der Normalzustand des Gefaßtseins ist demnach Betäubung, eine Dumpfheit des Bewußtseins; die Trauer dagegen befreit zum erhöhten Lebensgefühl, zur Klarheit der Seele.[28]

In den *Lebensläufen* wird viel gestorben und getrauert, die »Fassungslosigkeit« ausgekostet. Alexander an einem Grab auf dem Königsberger Friedhof:

> Ein heiliger Schauder nach dem andern nahm mich, als wenn diese oder jene abgeschiedene Seele auf und in mich würkte, und nun, da ich mir selbst zu schwer war, fiel ich auf Gottes Gartenacker, von wo ich beyde Hände offen gen Himmel hob, als wenn mir Gott eine sanften seligen Tod hinein legen sollte.
> 　　　　　　　　　　　　　　　　　　　　(LL III, 274)

Später am Grab Minchens:

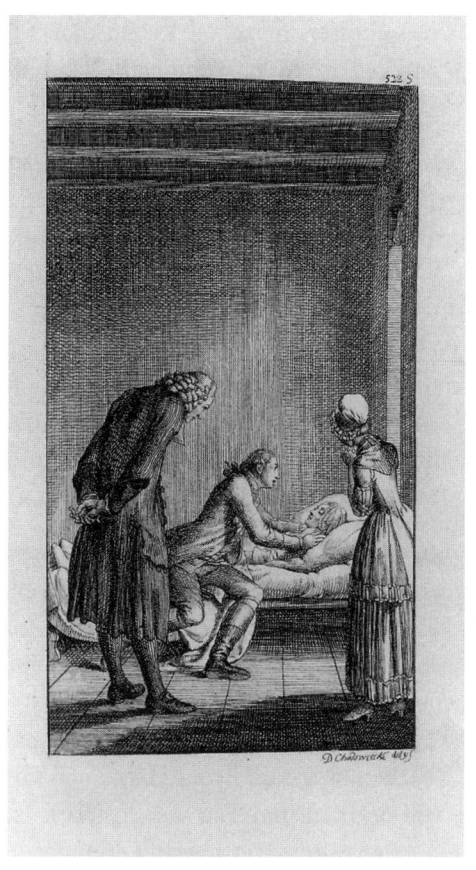

*Alexander an Mines Totenbett. Daniel Chodowiecki:
Kupferstich zu »Lebensläufe nach aufsteigender Linie«.*

Ich sah gen Himmel, warf mich auf die Erde, auf die heilige, Minen geweihte Erde! Ich konnte nicht weinen! – Mine! Mine! war alles, was ich konnte. Ich warf mich mit einer Heftigkeit aufs Grab, die kein Wort aufkommen lies, die es erdrückt haben würde, wie ein Grausamer einen Wurm, der sich krümmt – und siehe da! so wie ich hinstürzte, fiel das Grab ein! (LL IV, S. 394)

»Da ich mir selber zu schwer war« – Liebe, Trauer und Tod befreien von der Erdenschwere, führen zu einer neuen Qualität seelischen Erlebens außerhalb der Fesseln des Ichs.

Doch wo ist die Grenze zwischen Leben und Tod? Läßt sich schon im Leben der Tod erfahren, wenn nicht gar auskosten? Minchen geht weit in ihrer Selbsterprobung:

> Oft machte sie die Augen dicht zu, um, wie sie sagte, mit ihrer Seel in nähere Bekanntschaft zu treten, und zu versuchen, wie es ihr nach dem Tode seyn würde. [...] ich macht' eine Schlafende, um desto besser über die Fragen: wo kommst du her? wo wilst du hin? Auskunft zu finden. Ich kehrte mein Aug' in mich, und ab von der Welt, und von dem, was in der Welt ist. Da ließ ich mich denn nicht aus den Augen, ich konnte mir selbst nicht entlaufen, und welche selige Stunden hab' ich auf diese Art zugebracht! Jetzt üb' ich mich auf gleiche Weise zu sterben. – [...] da war ich über drey Stunden zur Probe todt. (LL II, S. 422)

Mystische Verzückung oder Neugier auf das seelische Abenteuer einer Erweiterung des Bewußtseins, einer Grenzverschiebung in unbekannte Gefilde? Das Experimentieren mit Seelenzuständen ist ein Thema jener Jahre; Karl Philipp Moritz arbeitet außer am *Anton Reiser* auch an seiner *Erfahrungsseelenkunde*.[29]

Alexander ist das Abenteuer des Sterbens noch versagt. Trostlos nach Minchens Tod, begibt er sich in das Haus eines Grafen, der sich der Erkundung von Sterben und Tod verschrieben hat. »Ich lerne sterben, sagt' er, und laß es mir von andern vormachen; ich lasse mir vorsterben – und bin mit allen lezten Dingen in genaue Bekanntschaft getreten.« Wenn der Augenblick gekommen ist, steigt er auf ein »Observatorium«, um durch Gucklöcher den Todeskampf zu verfolgen. Bei seinen Experimenten nimmt er sich selber nicht aus. Hin und wieder schläft er in einem Sarg, sein Schloß ist stets verdunkelt, alle Dinge seiner Umgebung – bis zu den Bucheinbänden – sind schwarz, und eine dumpfe Stimme ruft bei den spartanischen Mahlzeiten: »Gedenke an den Tod.« (LL II, Beylage A, S. 624-636)

Scheinbar ist es dem Autor todernst, denn er stellt diesen makabren Sonderling als Menschenfreund dar. Oder will er als humoristischer Dichter das »Nonsensikalische« bis an die Grenze zum Wahnsinn gestalten?[30] Selbst für die Literatur religiöser Empfindsamkeit, die Sterbeszenen und Friedhöfe liebt, ist ein solcher Todeskult ohne Beispiel.[31]

Wie bei Karl Philipp Moritz erwächst Hippels Einstellung zum Tod aus der geistigen Welt des Pietismus, der in der Abgeschiedenheit der östlichen Provinz besonders ausgeprägt war. Gefühl, Innerlichkeit, Ahnungsvermögen sind Wege zum Gotteserleben. Hinzu kommt das Verlangen nach Ursprünglichkeit und Unmittelbarkeit, nach eigener, persönlicher Erweckung. Daraus ergibt sich der Hang zur ständigen Beobachtung des eigenen Seelenlebens auf dem Weg zur Erlösung. Das Lebensgefühl des Pietisten erhält vom Tod her seine Bestimmung; so wird das Memento mori zur wichtigsten Lebensregel, die ständig bedacht werden sollte.[32]

Zur Rezeption des Romans

Die *Lebensläufe* wurden zu ihrer Zeit in der literarischen Welt mit Bewunderung aufgenommen und machten in den Lesegesellschaften die Runde. Chodowieckis Illustrationen der Erstausgabe gehören zu seinen schönsten Arbeiten. Goethe und Schiller, Zacharias Werner und Jean Paul haben die *Lebensläufe* gewürdigt und sich ausführlich mit dem Roman beschäftigt; auch Lessing hat, wie Jean Paul bezeugt, den Roman »verehrt«.[33]

Für die Ostpreußen und Balten war er von besonderem Interesse, denn Hippel hatte nur nachlässig verschlüsselte Porträts gezeichnet und dem Leben abgelauschte Gespräche eingefügt. Viele Königsberger fanden sich oder ihre Bekannten in dem Roman wieder; nicht alle waren beglückt.

Jahrelang gab es zustimmende, auch begeisterte Kritiken in den literarischen Zeitschriften. In Nicolais *Allgemeiner deutscher Bibliothek* ist nach Erscheinen des zweiten Bandes zu lesen:

> Das eigne Gepräge, womit dieses Buch gestempelt ist, zeichnet es sehr zu seinem Vortheil aus. Der V. besitzt die Gabe, in den gemeinsten Dingen besonders zu seyn, wir entlehnen diesen Ausdruck aus dem Buche selbst, weil wir gleich keinen schicklichern finden, den Gang des Witzes und der Laune des V., auch selbst der historischen Grundlage des Buches im Ganzen dadurch zu charakterisiren. Unter unsern Humoristen, nach Sternes

Manier, wüßten wir keinen, dem es in dieser Art der Komposition […] so gelungen wäre. Er überläßt sich […] den Ergießungen seiner Laune, aber über andre Gegenstände als solche, die nur unter die Rubrik der Empfindsamkeit gehören: Speculative Philosophie und Lebenspraktik begegnen einander hier wechselweise, unter den zufälligsten, doch ohne Zwang herbeyeilenden Veranlassungen; jedoch nicht in der Amtskleidung des langschleppenden theoretischen Talars, sondern in dem Farbenkleide des Witzes, unter dem Aufputz kecker Metaphern, und eines allegorischen Schwunges, zuweilen, dünkt uns, sind der aufgetragenen Farben eher zu viel als zu wenig.

Nachdem der Rezensent durchaus wohlwollend auf den Inhalt des Romans eingegangen ist, wendet er ein:

Der historische Theil dieses Buches – d.h. die erzählte Geschichte – wird ohne Zweifel allen Lesern behagen. Nicht so allen allerley dürfte der V. worden seyn, in den ontologischen Spekulationen, in der oft angebrachten aphoristischen Weisheit, in der Art seiner Anspielungen und dem allzufreygebigen Witze. Wir gestehen gern zu, daß aus dem allen mancher feine Silberblick hervorleuchtet, aber es liegen doch auf diesem Wege auch viele Schlacken. […][34]

Schärfer urteilten die Rezensenten im 19. Jahrhundert: die Komposition des Romans zeige ästhetisches Unvermögen, das sich aus der widersprüchlichen Natur Hippels ergebe; von einem »formlosen Convolut von Abhandlungen« ist die Rede.[35] Stellvertretend Georg Gottfried Gervinus:

Auf einem Gebiet, das mehr der Poesie als der Philosophie angehört, zeigt Hippel den Widerstreit eines zu gleicher Zeit poetischen und philosophischen Naturells, welches sich in beständiger Fluctuation nach diesen zwei Seiten hin durch seine Darstellungen bewegt. Seine poetischen Schilderungen geraten ihm oft zu philosophisch, der Gedanke hängt seiner Phantasie einen Schwerestoff an, und seine philosophischen Betrachtungen schlagen gern in die Region der Träume über […][36]

Die Minchen-Geschichte hingegen fand zu jeder Zeit allgemeine Billigung, obgleich sie Jean Pauls Warnung vor dem »selbstsüchtigen Genießen und Ausdehnen der Empfindung« nicht unbedingt entsprach.[37]

Zum 100. Geburtstag der *Lebensläufe* (1878) legt Alexander von Oettingen, ein Bewunderer Hippels, der die *Lebensläufe* weit über die Romane Jean Pauls stellte,[38] eine stark gekürzte Bearbeitung des Romans vor. Oettingen brauchte nur die erzählte Geschichte von den Reflexionen zu befreien – schon entstand ein behagliches Hausbuch für Ostpreußen und Balten mit den Kapiteln »Im Elternhause«, »Auf der Wanderschaft«, »Zur Heimath«. Zwei verbesserte Neuauflagen (1880 und 1893) bestätigen die Beliebtheit dieser entkernten Version. Indes sind Hippels Reflexionen nicht ganz verlorengegangen: ebenfalls sehr begehrt war zu Anfang des 20. Jahrhunderts ein kleines Brevier, eine Sammlung von Sprüchen aus den *Lebensläufen* mit dem Titel *Lockrufe zur Freude*.[39]

Uneingeschränkt wird Hippel als »Humorist« gefeiert. Die Befreiung des Erzählens aus dem Korsett literarischer Konventionen, funkelnder Witz, das artistische Jonglieren mit Begriffen, Rollen, Wirklichkeiten, das Spiel mit dem autonomen Ich fasziniert und amüsiert, vermittelt ein Gefühl unverbindlicher Schwerelosigkeit. Doch ist zu fragen, ob der »humoristische« Schriftsteller Hippel auch Humor hat, ob er über die souveräne Gelassenheit und heitere Grundstimmung eines Menschen verfügt, der mit sich in Übereinstimmung lebt.

Komisch angelegte Szenen gibt es in den *Lebensläufen* zur Genüge: das absurde Verhalten der Eltern beim erwarteten Tod Alexanders, die exaltierten Riten der Mutter beim Gute-Nacht-Sagen oder das bizarre Gebaren des »Sterbegrafen« – ein befreiendes Lachen aber verbietet sich, weil Hippel seine melancholische Schwere nur schwer abzulegen vermag. Es fehlt die verständnisvolle, nachsichtige Distanz; streng teilt der Autor seine Figuren in Gute und Böse ein. Als Sonderlinge, wenn nicht Karikaturen, wirken sie wie hölzerne Marionetten, die unvermittelt nebeneinander an seiner Hand hängen und beziehungslos umeinanderklappern. Ihnen fehlt Lebenskraft und Wärme; sie entfalten sich nicht, können nicht aufeinander eingehen. Minchen ausgenommen, sind Hippels Figuren Träger seiner Ideen oder moralischen Prinzipien – sie leben nicht aus sich heraus.

Dies gilt auch für Alexander, Hippels ›alter ego‹, der allerdings von Spott verschont bleibt; Humor als Selbstkritik ist Hippels Sache nicht.

Alexander hat als Kind dem Tod ins Auge geblickt, eine Liebe erlebt und ist am Verlust der Geliebten fast zerbrochen. Er ist geprägt durch die Persönlichkeiten seiner Eltern, hat studiert, wird Soldat, hat geheiratet, wird Vater eines Sohnes, den er auch durch den Tod verliert. Reicher Stoff also für die Entwicklung eines Charakters, für die Wandlung einer Persönlichkeit in der Auseinandersetzung mit den Anforderungen des Lebens. Doch bleibt Alexander sich immer gleich.[40] Er verändert sich nicht, ist von der erlebten Wirklichkeit letztlich unberührt, denn der Schwerpunkt seiner Existenz liegt im Innern. Hippels erträumtes »Ich« lebt aus dem pietistischen Geist der Weltentsagung:

> Gott sucht den Menschen heim zu ziehen, von der Welt ab, und in sich selbst, in seinen eigenen Busen, um durch eben diese Selbsterkenntnis ihn dahin zu bringen, wo wir ewig seyn werden!
>
> (LL III, S. 383)

Ein »Schriftsteller in aufsteigender Linie«, *Lebensläufe nach aufsteigender Linie* – auch der Titel des Romans ist ironisches Spiel. Werdegang einer Persönlichkeit und Karriere, Selbsterfahrung und Gottsuche, all dies ist enthalten. Autor und Held Alexander sind nach dem Titel identisch. Hippel ist in seiner Neugier, aber auch getrieben von Todesangst, in der Beschreibung von Grenzerfahrungen weit gegangen.[41] Wahrheitssuche, Ergründung der eigenen Seele wie auch der göttlichen Weltordnung – darum geht es ihm als Gegengewicht zu seinem offiziellen Leben. Vielleicht ist hier die »Seele des Romans« zu finden, der sich der Autor gar nicht so gewiß ist.

2. Hippel über sich

Selbstbiographie   *intus est quod petis*

In den *Lebensläufen* nimmt sich Hippel die Freiheit, sein Leben neu zu entwerfen. Als Alexander hat er Eltern, die ihm Vorbild sind, erfüllt sich seine Liebe, öffnen sich die Tore der äußeren wie der inneren Welt. Liest man die *Lebensläufe* als Bildungsroman, fügen sich die scheinbar zusammenhanglosen Teile des Mosaiks zum idealisierten Bild eines jungen Menschen auf dem Weg zu Selbsterkenntnis und Gotteserfahrung.

Etwa zehn Jahre später, im Alter von 50 Jahren, schrieb Hippel seine *Selbstbiographie*, die allerdings nur seine Jugend bis zum zwanzigsten Lebensjahr umfaßt. Schlichtegroll nahm sie in seinen *Nekrolog* auf, nicht ohne sie zu bearbeiten und mit Kommentaren zu versehen. Hippel erlag wie andere Dichter seiner Zeit der Versuchung, sein Selbstporträt zu stilisieren und die herbe Wirklichkeit zu schönen, denn die *Selbstbiographie* sollte seinen Nachruhm sichern. Sie ist ausdrücklich der Familie gewidmet; die breite Schilderung verwandtschaftlicher Zusammenhänge in der Vorrede mündet in den Appell: »Liebt euch unter einander. Daran soll man erkennen, daß ihr Hippels seyd, wenn ihr euch unter einander lieb habt!« (SCHL, S. 69)

Hippel beginnt: »Ich bin den 31. Jan. 1741 geboren. Mein Großvater und Vater waren Geistliche, und hatten, wie ich nicht anders weis, aus dem Stamme Levi geheirathet.« Schon muß Schlichtegroll korrigieren: Hippels Vater war nicht »Geistlicher«, sondern »Rector der Schule in Gerdauen«. Seine Mutter war keine Pastorentochter (aus dem Stamme Levi), sondern entstammte wahrscheinlich einer Weißgerberfamilie.[1] Hippel weist sogleich darauf hin, »daß die Familie aus adlichem Blute abstamme, die nur in zwey Generationen sich des ihr gebührenden Vorzugs nicht zu bedienen für gut oder nöthig gefunden«. (SCHL, S. 73f.)

Wichtige Hinweise auf Charakter und Schicksal dieses Mannes sind seiner Kindheit abzulesen. Die Prinzessin von Hessen-Homburg in Gerdauen hat die Idee, aus ihm und ihrer jungen Gesellschafterin ein Paar zu machen, »um über meine Verlegenheit und kindischen Antworten zu lachen«. Die Wirkung auf den kleinen Jungen ist katastrophal: »Fast habe ich Lust zu behaupten, daß jener Braut- und Bräutigamscherz mit dazu beygetragen haben könne, daß ich mich zum ehelosen Stand bekenne«. Auch die Mutter hat ihren Spaß daran: »Alle Augenblicke hatte ich durch ihre Güte eine Braut, und fast keine, die mir nicht bittere Stunden machte [...]«. (SCHL, S. 74f.)

Die väterliche Erziehung im Stil der Zeit setzt ihm weniger zu; »indessen habe ich bey alle dem nicht die mindeste Neigung oder Beruf, die Kinderjahre zu wiederholen, die ich recht gerne an ihren Ort gestellt seyn lasse.« Der Junge wird zum Einzelgänger und lehnt das Lernen in einer Gruppe ab: »Man wird weniger der Ich, zu dem es die Natur anlegte [...] Nur spät kommen wir zur Einsicht der goldnen Regel: Intus est quod petis.«[2] (SCHL, S. 79f.) Der einsame Junge bleibt für sich, jede Auseinandersetzung mit Gleichaltrigen lehnt er ab. Statt dessen spielt er die Autoren seiner Bücher gegeneinander aus, läßt sie diskutieren und streiten. Mangelnde Sozialisation im Kindesalter prägt den späteren »Eremiten« vor.

Hippel kritisiert am Vater, »daß er über der Seele den Körper vergaß, und mich zu keinen gymnastischen Übungen, nicht einmal zum Ballschlagen und Kegelspielen anführte«. Es ist aufschlußreich, daß Hippel in den *Lebensläufen* den Vater für Alexanders körperliche Ausbildung sorgen läßt. Schlichtegroll vermerkt:

> Daraus, daß Hippel nicht früh zu körperlichen Übungen war angehalten worden, entstand ein gewisses Embarras, in welchem er sich seines Körpers wegen befand. Er suchte sich das in der Folge abzugewöhnen; aber immer blieb ihm, besonders beim Eintritt in die Gesellschaft, eine gewisse Künsteley eigen.
> (SCHL, S. 82f.)

Lessing war es ähnlich ergangen; in einem Brief an seine Mutter klagt der zwanzigjährige Student über »eine bäuersche Schichternheit«, die ihn mit »Schahm« erfülle; »ein verwilderter und ungebauter Körper« habe ihn veranlaßt, trotz großer Geldnot »tanzen, fechten, voltigiren« zu lernen.[3]

*Theodor Gottlieb von Hippel. Kupferstich von
Ludwig Buchhorn. Frontispiz zu »Hippel's Leben«.*

Hippel ist ein einsames, hochmütiges Kind und, wohl beeinflußt
durch seine abergläubische Mutter, auch überspannt:

> […] indessen unterhielt ich doch immer einen geistigen Umgang mit meinen Büchern, der mir so von meiner Jugend eigen geworden war, daß ich noch jetzt mit den Geistern meiner Bücher umgehe, und sie zuweilen als meine Schutzengel und Geleitsmänner ansehe. Ungern gesteh' ich, daß diese kleine Schwärmerey mir den Gedanken geläufig gemacht, daß man doch wohl ein Verkehr mit Geistern, etwa in Träumen u.s.w. trei-

ben könnte, obgleich ich die Unbegreiflichkeit davon mir vorzuhalten im Stande war. (SCHL, S. 100)

Ein Spiegel dieser Veranlagung sind die Grenzüberschreitungen der Hauptpersonen Minchen und Alexander in den *Lebensläufen*. Nicht frei von »Schwärmerey« ist auch Hippels Verhältnis zur Religion:

> Ich glaubte nicht blos an Gott, sondern ich war seiner gewiß. Durchs Gebet lebte, webte und war ich in ihm. […] Mir war das Gewissen ein unwiderlegbarer Beweis von der Existenz Gottes; es zeugte mir sein Daseyn, sein Wohlgefallen und sein Missfallen ein. Es war mein Sokratischer Dämon, und um christlich zu sprechen, mein Engel, mein Schutzgeist. Diesen bat ich oft in meiner Einsamkeit zu Gaste. (SCHL, S. 102)

Wenn er sich reinen Herzens fühlt, opfert er seinem Engel rohe Früchte: »Ich pflegte die Augen zuzumachen, wenn ich ihm einen sehr kleinen Theil dieser Gaben freywillig darbot.«

Offenbar geht auch Hippels besonderes Verhältnis zum Tod auf ein prägendes Kindheitserlebnis zurück. Die Mutter erleidet nach der Geburt seines Bruders Gotthard eine Totgeburt. Man hat das tote Kind im Zimmer des ältesten Sohnes abgelegt, was ihn jedoch nicht beunruhigt:

> […] ich bat auch, ihn diese Nacht da zu lassen […] ich wolle bey der Leiche einige Sterbensbetrachtungen anstellen und sodann ein Todtenfest feyern, nämlich schlafen gehen. Hierauf hielt ich dem kleinen Todten auf eigne Hand eine Standrede, erbaute mich und feyerte seinen Tod durch einen sanften Schlaf. (SCHL, S. 110)

Natürlich reagiert die Hausgemeinschaft befremdet auf dieses Verhalten; doch Hippel meint, daß »alles bey mir die liebe Natur war, die oft besonders bey nicht gemeinen Kindern etwas hervorbringt, was außerordentlich scheint, und worüber sich Alte kreuzen und seegnen«. (SCHL, S. 110f.)

Großen Wert legt Hippel darauf, den jüngeren Verwandten seine Eltern als »herrliches Paar« vorzustellen. Seinem Vater verdanke er neben dem strengen Unterricht auch einen philosophisch geprägten, auf Vernunft basierenden Glauben; »die Pietisten, denen mein Vater anhing, [...] hören nicht auf Menschen zu seyn, allein sie bestreben sich täglich, besser zu werden.« Unter dem Einfluß des Vaters gewinnt er die Überzeugung von der vernunftgemäßen Einrichtung der Welt. Durch schriftliche Überlieferung sei das Christentum auf mannigfache Weise verfälscht, doch: »Der Pietismus [...] scheint der Absicht Christi näher zu kommen, weil er kein Geschrey macht, sondern in der Stille wirkt.« (SCHL, S. 117ff.) Was die Darstellung seines Vaters angeht, verweist Hippel direkt auf die *Lebensläufe*: »Ein Denkmal hab ihm schon in den .... gestiftet, das zwar nicht völlig kenntlich, indessen doch kindlich und wohlgemeynt ist.« (SCHL, S. 124)[4] Die Mutter erscheint als fröhliche und lebhafte Frau, die allerdings immer wieder durch Leichtfertigkeit, vor allem übertriebene »Freygebigkeit«, die Familie in Schwierigkeiten bringt. Dann quält sie sich mit Gewissensbissen; sie »war wirklich eine strenge Büßerin jedes sie überraschenden Leichtsinnes« und »in ihren Forderungen dessen, was sie als böse abgeschafft, oder als gut befördert wissen wollte, strenge, ja oft grausam. [...] Den Stolz verfolgte sie unerbittlich bey mir.« Sie macht gerne Witze auf Kosten anderer, neigt zum Jähzorn, ist abergläubisch und hat panische Angst vor Gewitter; doch beteuert der Sohn: »Sie war die bravste, edelste Frau, die ich in meinem Leben gekannt habe.«

Seinen Verwandten schildert Hippel eine denkwürdige Begebenheit, die bezeichnend für sein späteres Verhältnis zum Geld ist. Weil er auf ein Buch spart, vergräbt er die Groschen für sein Frühstücksbrot ein Vierteljahr lang unter einem Baum. Die Mutter kommt dahinter: »Hast du denn keinem begegnet, sagte sie, dem dieses Geld nöthiger gewesen wäre, und hättest du es nicht deiner Mutter, die so oft in Verlegenheit ist, anbieten sollen?« Der Vater schweigt dazu, »das Geld ward konfiscirt«.

»Was vorzüglich mein Herz erhebt«, beteuert Hippel, »ist das Glück, dessen Gott mich gewürdigt hat, ihre letzten Lebenstage angenehm zu machen, nicht als ob sie es bedurft hätte, sondern um sie zu erfreuen.« Briefe der Mutter beweisen das Gegenteil. (SCHL, S. 125ff.)

Die Charaktere der Eltern, wie Hippel sie hier schildert, finden sich in seiner Person wieder, ohne sich zu vermischen. Darin mag die eigentliche Ursache für die Widersprüchlichkeit seines Wesens liegen.

Ein Schulkamerad aus Gerdauen, der spätere Erzpriester Wilhelm Gottlieb Keber, reagierte geradezu gehässig auf Hippels *Selbstbiographie* nach Erscheinen des *Nekrologs* von Schlichtegroll (1801). Vermutlich aus Zorn darüber, daß die Rolle seines Vaters bei Hippels Erziehung nicht gebührend gewürdigt sei, wollte er in seiner Schrift *Nachrichten und Bemerkungen den Geh. Kriegsrath v. Hippel betreffend* (1802) die »reine Wahrheit« darstellen.

Eigenem Bekunden nach war Keber der Sohn des »Inspektors der Schule« von Gerdauen, der auch Hippel unterrichtet hat, und mit den Verhältnissen bestens vertraut.[5] Über die Korrekturen Schlichtegrolls hinaus beeilte er sich, zu Hippels Eltern richtigzustellen:

> Der Vater war nichts mehr und nichts weniger, als ein schwacher Mann ohne eignes Verdienst [...] in allen Wissenschaften, ein geistesarmer Anfänger, ein unfreundlicher Pedant im Schulunterricht, dessen ganze Pädagogik – fast nur im Ruthenstreichen der entblößten Posteriorum seiner Schüler bestand [...].[6]
>
> Als mein Vater nach Gerdauen kam, war H-l ein Kind von zehn Jahren, hatte, wie alle übereinstimmten, viele jedoch nicht unerhörte Fähigkeiten, vorzüglich aber einen ganz eigenen Stolz, der sich in seinem ganzen Betragen äußerte und einen ganz besondern Contrast mit der Schüchternheit seines Bruders machte. Als die Jahre seiner eigentlichen Vorbereitung kamen: so schüttete Rektor Hippel sein Herz vor meinem Vater aus, welches voller Bekümmernis war, über das Schicksal seines ältesten Sohnes. Er bekannte es, daß er zu schwach wäre, ihn zur Universität selbst vorzubereiten und zu arm, ihn anderswo unterrichten zu lassen. Er bat um meines Vaters Unterstützung.[7]

Zu Hippels Darstellung der Mutter:

> [...] lieset man dieses und man hat die Frau gekannt, so muß man wirklich mehr als – sich wundern [...] Fast keine einzige dieser Angaben ist wahr, [...] alles war so kleinlich, so gemein, daß der Kenner von beiden sagen mußte: Welch ein Kontrast zwischen Mutter und Sohn! [...] Er schien sich ihrer zu schämen,

versagte ihr sogar die gewöhnlichen Höflichkeitsbezeugungen, den Handkuß, die kindliche Umarmung.[8]

Ein anonym bleibender Freund Hippels wies Keber in seiner Schrift *Epistolische Lektion für den Herrn Erzpriester Keber in Bartenstein* [...] (1804) zurecht und nahm darüber hinaus den verstorbenen Bürgermeister gegen die im *Nekrolog* erwähnten üblen Nachreden in Schutz.[9]

Um den Schaden zu begrenzen, ging Theodor Gottlieb d.J. trotz des zeitlichen Abstandes direkt auf die Polemik Kebers ein:

> Hippel legte einen sehr hohen Werth auf seine Abkunft von wissenschaftlich gebildeten (studirten) Ahnen, vielleicht einen höhern als auf seinen angeblich verdunkelt gewesenen und durch ihn wieder aufgefrischten Familien-Adel, und er that sich auch in vertraulichen Gesprächen viel darauf zu gute, Aeltervater, Großvater und Vater als Litterari, Studirte, Gelehrte bezeichnen und nennen zu können. [...] Viele solche Rektoren machten Stillestand auf ihren Stellen, namentlich Hippel's Vater – so viel uns bekannt geworden nach den Erzählungen seines zweiten Sohnes, aus Schüchternheit, die Kanzel zu besteigen und aus Neigung für sein ruhigeres Lehrfach. Von seiner gelehrten Bildung zeugen noch vorhandene lateinische Aufsätze, eine hebräische Bibel mit lateinischen [...] Bemerkungen, ein lateinisches und ein griechisches Testament [...]. Worin bestände nun die Täuschung, wenn Hippel einen solchen Vater, der im reichlichen Maaß die damalige Bildung eines Geistlichen besaß, und der nur durch Zufall in der Vorhalle eines Pfarramtes stehen geblieben war, einen Geistlichen nennt? Auf ähnliche Weise löst sich Hippel's Idealisierung seiner Mutter. Sie besaß, als Tochter einer Honoratioren-Familie der kleinen Stadt, ganz die Bildung der damaligen Zeit und ihrer Lage. Witz, Gefühl und Humor waren das Erbtheil, das sie beiden Söhnen hinterließ. Doch war die Neigung zur leichten Satyre und der heitere Sinn in reicherm Maaße dem jüngeren, Gotthard Friedrich, als unserm Hippel zu Theil geworden, der in den heitersten Momenten immer einen gewissen Ernst zu bewahren verstand, der fast nie ohne einen Anflug von Schwermuth war.[10]

Wie auch immer, nach Hippels *Selbstbiographie* ist der 15jährige für die Universität gut gerüstet. Hebräisch, Griechisch und Latein, Mathematik, Philosophie und Theologie, auch Französisch – es ist beachtlich, was Privatunterricht in Gerdauen vermochte. Dazu Klavier und Flöte, »weil der König Meister auf diesem Instrumente war« (SCHL, S. 139), und andere Instrumente.

Der Abschied von zu Hause ist kurz. Die Eltern streuen ihm keine »Palmen auf den Weg. ›Im Schweiße deines Angesichts wirst du dein Brod essen!‹ war ihr Seegen, und dieß memento ist mir auf meiner Lebensreise sehr nützlich gewesen« (SCHL, S. 146).

Schon bald erfährt der Student die starke Wirkung seiner Persönlichkeit. Der erste Zimmergenosse Rhode – später Prediger in Kurland – ist ihm so ergeben, daß er dem Kommilitonen täglich die Haare frisiert, »welches er auch that, wenn wir gleich mit einander zerfallen waren«. Der junge Hippel studiert »bey Butterbrod und Wasser« Mathematik und Philosophie. Er findet den Freund Arnoldt, Sohn des Generalsuperintendenten, mit dem er Verse macht und sich für die Gedichte Hallers begeistert. Der Freund stirbt jedoch plötzlich an den Pocken; ein weiteres Todeserlebnis, das die Studienzeit überschattet.

Hippel hört Theologie bei Franz Albert Schultz, »dem größten Wolfianer, den Wolf erzeugt hat« (SCHL, S. 160) und früheren Lehrer Kants, der allerdings auch ein großer Pietist war. Schon als Student beginnt Hippel, *Geistliche Lieder* zu dichten, die Scheffner kritisch durchsehen soll:

> Ich übersende Ihnen den ersten Bogen von meinen geistlichen Liedern und hoffe, daß Sie sich recht darnach drängen werden, ihnen den letzten Blick zu schenken [...] und bitte Sie so sehr man bitten kann, 2 Stellen zu ändern [...] wo mir die beiden Reihen: Wenn das Gehör vergehet / Und still das Herz mir stehet – so wenig gefallen, daß mir dabei das Gehör im Ernst selbst vergeht und still das Herz mir steht.[11]

Vor dem Druck (1772) schickt er die Verse unter dem Pseudonym *Gerhard* an Gellert, der ihm, wie Schlichtegroll vermerkt, »einen sanften, Hippeln sehr erfreuenden Brief schrieb, vielleicht seinen letzten [...]« – nachdem sie gedruckt sind, widmet er sie Klopstock.

Einige dieser Lieder sind in evangelische Gesangbücher eingegangen. Nicht nur nach Schlichtegrolls Urteil liegt ihr literarischer Wert unterhalb seiner sonstigen Arbeiten, doch Hippel scheint sein Leben lang an ihnen gehangen zu haben.

Im übrigen übt sich der Student in Selbstüberwindung:

> Je ärmlicher ich meinen Leib hielt, je reicher ward meine Seele; je mehr ich Fleisch und Blut überwandt, je stärker ward mein Geist. O! wer es je empfand, wie glücklich diese Palmen machen, der wird die Hände nicht in den Schoos legen, sondern darnach ringen. (SCHL, S. 166)

Wie schwer diese Palmen zu erringen sind, wird in den Briefen an Scheffner deutlich, den Hippel mehrmals bittet, diese Briefe zu verbrennen:

> Daß ich keinen geringen Ansatz zum Eremiten habe, fühl ich zu sehr, als daß ich's läugnen sollte; allein es ist noch die Frage, wer besser handelt, der die Welt flieht, oder der sie braucht, um sie verlachen zu können [...] Auch die Welt hat ihre Reize; allein sie müssen doch wohl falsch seyn, denn sie erfreuen blos und beruhigen nicht.[12]

Das Jurastudium hält ihn nicht davon ab, sowohl in Königsberg als auch in Gerdauen mehrfach die Kanzel zu besteigen; dies trägt ihm die Freundschaft des »sonderbaren Poeten Lauson«[13] ein.

Als Student lebt Hippel in chaotischer Unordnung. Er vergräbt sich in einen Wust von Notizen und bleibt oft wochenlang im Bett, um ungestört arbeiten zu können. Zur Entschuldigung beruft er sich auf Basedow, der es ebenso hielt – er kann nicht wissen, daß er auch darin Jean Paul verwandt ist.

> Jetzt gehe ich früh zu Bette, und stehe früh auf. Dieß schreibe ich um 5 Uhr, den 14. April 1791, an einem schönen Morgen, an dem ich das Fest meiner jetzigen Weise mit Dank feyre. (SCHL, S. 185)

Die Reise nach Petersburg, »einer Entzückung ähnlicher, als einer irdischen Wirklichkeit«, versetzt den Studenten in »Extase«. Die Russen hatten Preußen besetzt, und der Auftrag des Leutnants Hendrik van Keyser hieß, Bernstein »zu den Füßen der Kaiserin Elisabeth zu legen« (SCHL, S. 187). Hippel darf ihn begleiten. Die Reise führt über Mitau in Kurland. In einem Wirtshaus ißt mit ihnen »ein ächter Curscher Junker v. V–, der uns gewaltig viel von Hauen und Stechen erzählte, daß, wenn ich nicht schon auf der Universität mit dieser Sprache bekannt zu werden Gelegenheit gehabt, sie mir befremdlicher gewesen seyn würde.« Hippel wird nicht müde, sich über die Verhältnisse in Kurland zu empören, einem angeblichen »Freistaat«: »Unser Mitgast – war kein hinreißender, sich und die Sache empfehlender Cicerone der Freyheit, da der Mensch nichts, dagegen der Edelmann bey ihm alles galt. Ist da Freyheit, wo nicht einmal die Gesetze der Menschheit gelten?« (SCHL, S. 187ff.) Spricht hier der junge Hippel oder der Alexander der *Lebensläufe*?

Die russische Welt stellt für den mittellosen Studenten aus der preußischen Provinz eine große Versuchung dar. In Kronstadt verbringt er zwei unvergeßliche Wochen im Hause eines Vice-Admirals, wo er mit der Tochter Dorothea Antonna »wie Schwester und Bruder« musiziert. Dank seines Mathematikstudiums hätte er in Kronstadt »Seedienste nehmen« können, mit Aussicht auf eine Offiziersstelle. »Allein«, schreibt Hippel, »es war ein Glück für mich, daß ich wieder nach Petersburg kam, wo ich aus einer Zerstreuung in die andere gestürzt wurde, und wo ich« – das Folgende ist bezeichnend für die Konsequenz in seiner Lebensgestaltung bereits in jungen Jahren – »schon den dritten Tag in mir beschloß, zurück nach Preußen zu gehen.« (SCHL, S. 215) Leicht kann es ihm nicht gefallen sein; der Freund Keyser bleibt zurück.

St. Petersburg, den 14. Febr. 1761.
Bis jetzt hab ich nicht gewußt, was Hypochondrie ist; jetzt fang ich an, mich zu überzeugen, es sey ein Seelenleiden, mittelst dessen uns Umstände zurücksetzen und behindern, das zu seyn, was wir seyn zu können meynen; wir werden, glaub ich, hypochondrisch, wenn wir in unserer Selbstthätigkeit gestört werden, und irre ich nicht, so müssen jederzeit Frauenzimmer mit im Spiel seyn.[…] – So viel weiß ich, daß in diesem Zustand der Mensch alle Kleinigkeiten fühlt; […]. Ein Glück für mich, daß ich nicht für die Welt, […] auch nicht einmal für Freunde schreibe. Ein wunderbarer Skribent! Kann wohl seyn, und doch bin ich

nicht wenig stolz auf den Einfall. Ich schreibe für mich, ich halte ein Selbstgespräch zu meinem selbsteigenen Vergnügen und Mißvergnügen. (SCHL, S. 237)

Mag sein, daß die spontane, von Abschiedsschmerz bestimmte Notiz im Reisejournal des Zwanzigjährigen einen Schlüssel zu Hippels Persönlichkeit darstellt: »Im Ganzen finde ich zu meiner Wonne, daß ich 1761 so dachte, wie 1791.« (SCHL, S. 235) Phasen der heftigen Begeisterung wechseln mit depressiven Verstimmungen voller Verzweiflung und Todesangst.

Auf der Rückreise von Petersburg hat Hippel in Kurland einen unfreiwilligen Aufenthalt.

Aus dem Erbsenkruge, 12 Meilen vor Libau, schrieb ich nach Königsberg, und noch erinnere ich mich mit Vergnügen an die Stunden, die ich dort zubrachte, weil ich mir da meinen Lebensplan zeichnete [...]. Ich hatte von jeher gewisse Entzückungen bis in den dritten irdischen Himmel; indessen hielten diese Entzückungen nicht lange an, und ich war dann auch wieder gefaßt, wo nicht eine Höllenfahrt zu halten, so doch mich von des Lebens Last und Hitze geduldig drücken zu lassen. Jene Entzückungen waren nur Engel mit einem Labetrunk, wobey ich jedennoch fühlte, daß der Kelch der Bitterkeit mir nicht vorüber gehen würde. Ich bin überzeugt, daß diese Entzückungen die besten Tröstungen in sich fassen, deren Menschen nur fähig sind; denn nur der, der keine Hoffnung weiter hat, ist todt an ihm selbst. (SCHL, S. 253f.)

Briefe

Sind die *Lebensläufe* trotz ihrer biographischen Anspielungen und Bezüge Fiktion, die *Selbstbiographie* weitgehend Stilisierung, können die schon mehrfach zitierten Briefe an den Freund Scheffner noch am ehesten Aufschluß über die unmaskierte Persönlichkeit Hippels geben. In ihrer Offenherzigkeit zeigen sie ihn als verletzlichen Menschen, der auf Verständnis und Zuspruch angewiesen ist. Da er den Freund mehrfach um das Verbrennen seiner Briefe gebeten hat, kann an ihrer Aufrichtigkeit kaum gezweifelt werden. Es ist schwer zu verstehen, warum der sonst so verschlossene Hippel sich gerade diesem Mann bedingungslos anvertraut hat. Vielleicht lag es an der räumlichen Distanz; die Freunde sahen sich kaum und verkehrten fast nur schriftlich miteinander.

Johann George Scheffner (1736-1820) gehörte wie Hippel zu den prominenten Königsbergern um Kant. Neuere Forschungen haben sein früher recht positives Bild verdunkelt; heute sieht man ihn eher als Opportunisten, der sich stets ins rechte Licht zu setzen wußte, mit Erfolg auf seinen Vorteil bedacht war – er sonnte sich im Glanz Kants, Hippels und anderer bedeutender Persönlichkeiten. Sein Treubruch Hippel gegenüber, dessen Schriftstellergeheimnis er verriet, über den er nach seinem Tod abfällig sprach und dessen Grab er verfallen ließ, bestätigt diese These.

Auch Scheffner studierte Jura an der *Albertina*. Allerdings hat er Kants Vorlesungen nicht besucht, weil der musikfreudige Professor der Rechte Johann Ludwig v. L'Estocq, in dessen Haus er lebte, ihm davon abgeraten hatte; Kant mache sich doch nichts aus Musik. Später wurde Scheffner ein angesehenes Mitglied in Kants Tafelrunde. Im Siebenjährigen Krieg kämpfte er für Friedrich II., wurde verwundet, galt als Kriegsheld. 1765 kam er als Sekretär an die Königsberger Kriegs- und Domänenkammer, 1772 als Kriegsrat nach Marienwerder, wo er schon 1775 seinen Abschied nahm. Mehrere Erbschaften ermöglichten ihm, zwanzig Jahre als Gutsbesitzer in Stolzenberg bei Danzig, Sprintlack bei Tapiau und Ebertswalde bei Uderwangen zu leben. Er schrieb viel, unter anderem anonym herausgegebene Erotica, auch eine Autobiographie.

Ein Jahr vor Hippels Tod zog Scheffner nach Königsberg in sein Haus auf dem Butterberg. Hier entwickelte er für viele Jahre eine rege Betriebsamkeit; er war offen für alle Themen der Zeit. Nach dem Urteil Christian Gottlieb v. Arndts war er einer von »den Geistern, welche, durch Gespräch und Gesellschaft gereizt, eitel Funken von sich geben, in der Einsamkeit aber weniger glücklich schaffen«.[14] Zur Zeit der Stein/Hardenbergschen Reformen versuchte Scheffner, eine bedeutende Rolle zu spielen, ohne seine mit viel Sinn für Wirkung vorgetragenen sozialen Projekte auf seinen Gütern ernsthaft in die Tat umzusetzen; ein weiteres Anzeichen für seine Unaufrichtigkeit. Er veranlaßte den Bau des Grabmals für Kant am Königsberger Dom (1809) und als guter Patriot die Errichtung eines Landwehrkreuzes auf dem höchsten Punkt des Samlandes, unter dem er sich auf eigenen Wunsch begraben ließ. Beide Maßnahmen sollten seinem Nachruhm dienen.[15]

Wie in den *Lebensläufen* plädiert Hippel auch in seiner *Selbstbiographie* für Formlosigkeit und Natürlichkeit, für die schöpferische Freiheit in seiner Schriftstellerei:

> [...] für wen schrieb ich denn? Für mich, vorzüglich für mich; [...] und nächstdem für meine Freunde, deren ich von jeher nur wenige auserwählte hatte. Der erste unter ihnen ist und bleibt Scheffner [...] denn ich habe mit Johannes Stunden und Tage gelebt, wo die reinsten Geister kein Bedenken gefunden haben würden, mitten unter uns zu seyn. Diese Stunden waren die besten, die seeligsten meines Lebens. Mein Leben ist nur Leben durch meine Freunde, so wie ich denn auch versichern kann, daß meine ganze Autorschaft nur Scheffnern dedicirt gewesen.
> (SCHL, S. 89f.)

Scheffner gegenüber braucht er sich nicht zu verstellen; Hippel öffnet ihm sein Herz, offenbart ihm die Nachtseite seines Wesens. Er klagt über Einsamkeit, Ängste und Krankheiten, vor allem über Anfälle von Schwermut. Obwohl er den Dienst als preußischer Beamter eigentlich liebt und Befriedigung aus seinen einflußreichen Ämtern gewinnt, schreibt er nach seiner überraschenden Ernennung zum Bürgermeister von Königsberg:

> Königsberg d. 18. Decbr. 1780
> Mit einem Herzen, das schwerer ist, als Bley, meld ich Ihnen, daß ich Kriegsrath und dirigirender Bürgermeister bin. – Seit Mittwoch Morgens um 10 weiß ich es, und mein Patent ist auch schon hier. Gott! wenn Sie wüssten, was ich von Mittwoch bis gestern Abend gelitten, Sie würden mich bedauern, mehr wie das; denn dies würd' mein Feind; [...] Wie vom Himmel gefallen! wie vom Himmel – o! wär' es doch vom Himmel. Alles wie Gott, wie Gott will! Mein Trost ist's, daß dies ein Wink, ein Gnadenstoß

zur Ruhe sey! – ich habe keine Bürgermeisterseele. Was sollt' ich aber machen? Zurückschicken?[16]

Scheffner ließ sich von Hippel gern über die Vorgänge in Königsberg berichten, Klatsch nicht ausgenommen; im übrigen hat er die Liebe und Anhänglichkeit des Freundes nur widerwillig ertragen, ihn oft lange auf Antwort warten lassen und seine »Hypochondrie« streng gerügt.

Unter den wenigen erhaltenen Hinweisen auf Hippels unverstelltes Wesen mag ein kleiner Brief genannt sein, den er im Sommer 1794 an den Jugendfreund Christian Gottlieb v. Arndt (1743-1829) schrieb.

Lieber theuerster Freund und Vetter!
Wir haben einen so herrlichen Frühling und einen ihm so ähnlichen Sommer zu Königsberg in Preußen, ich sage »in Preußen«, daß Ihr Scheltwort, womit Sie Ihrem Vaterlande zu nahe treten, völlig widerlegt ist, bis auf den heutigen Tag, will's Gott, den 9. August 1794 […]. Sollte man aber, mein lieber Vetter, nicht da zu leben berufen seyn, wo man geboren ist! Und sollte nicht das Geburts-Klima das zuträglichste und angemessendste für den Menschen seyn! Sie mögen indessen seyn, wo Sie wollen! Wir sind beysammen […].[17]

Launig wird eine vermeintlich strenge Ermahnung mit einer herzlichen Geste verknüpft. Hippel bezieht sich auf Arndts Bemerkung, daß er sich im rauhen Klima Preußens nicht von einem langwierigen Leiden erholen könne. Die Freundschaft zu diesem entfernten Vetter stammt aus der Kinderzeit in Gerdauen. Beide sind dort zusammen unterrichtet worden, trafen sich dann in der Universität wieder. Der um drei Jahre jüngere Freund ging nach Rußland, diente Katharina II. zwanzig Jahre als Cabinets-Sekretär, erhielt den Titel eines Hofraths und wurde geadelt. Nach längerer Krankheit suchte er Genesung in mildem Klima und besuchte Hippel im Winter 1792/93 auf der Durchreise nach Heidelberg. Mehrere Wochen war er dessen täglicher Tischgenosse, für den einsamen Bürgermeister ein »wohlthätiges und ihn erfreuendes Ereigniß«.[18] Die anschließende Korrespondenz ist Zeugnis einer herzlichen Freundschaft und zeigt überdies Hippels amüsanten Briefstil.

3. Genius loci

> ein schicklicher Platz zur Erweiterung
> sowohl der Menschenkenntnis als auch
> der Weltkenntnis[1]

Kant wie Hippel, so unterschiedlich sie gelebt und gewirkt haben, fanden in der Stadt Königsberg die ihnen gemäße Lebenswelt. In der einzigartigen Situation dieser Inselstadt zwischen Preußen, Rußland und den baltischen Ländern entwickelte die Königsberger Aufklärung ihr eigenes Gesicht.

Im 18. Jahrhundert ist Königsberg eine Art Vorposten Berlins, 700 km von der Hauptstadt entfernt, den baltischen Ländern eng verbunden, mit vielfältigen Kontakten zu Rußland. Die Hafenstadt mit ihren ausgedehnten Handelsbeziehungen ist nicht provinziell im Sinne von eng und rückständig; vielmehr stellt sie eine besondere, in sich geschlossene Welt dar, in der sich andere soziale Muster herausgebildet haben als im Kernland Preußen.

Jubiläen sind willkommene Anlässe, um Bestand aufzunehmen. Als die Universität *Albertina* 1744 ihre 200-Jahr-Feier begeht, sind dort 1032 Studenten immatrikuliert. Davon stammen 136 aus Polen, 133 (hauptsächlich Deutsche) aus Kurland und Livland, 62 aus Litauen, zwölf aus den skandinavischen Ländern, sechs aus Rußland, einige weitere aus Siebenbürgen, Frankreich, Ungarn, Holland, der Schweiz und Italien – insgesamt 364 Studenten, also ein gutes Drittel, sind Ausländer. Entsprechend bunt gemischt ist die Bevölkerung dieser zweitgrößten Stadt Preußens. Neben den Deutschen leben hier als größte Volksgruppen Polen, Litauer und Franzosen, die eigene Kirchen und Schulen besitzen, eigene Quartiere bilden und dort ihr nationales Brauchtum pflegen. In diesem Jubiläumsjahr (1744) wird verboten, in der Stadt Schweine frei herumlaufen zu lassen; doch gibt es schon seit 13 Jahren Stadtlaternen.[2]

Ein weiteres Jubiläum ist die 500-Jahr-Feier der Stadt (1755), ein Jahr bevor Hippel die Universität bezieht. Wie schon 1744 bleibt König Friedrich II. den Feiern fern. Königsberg ist zwar die Krönungsstadt der Hohenzollern, seit sich Kurfürst Friedrich III. dort unter barocker Prachtentfaltung selber die Krone aufs Haupt gesetzt hat (1701),³ doch seine Nachfolger Friedrich Wilhelm I. und Friedrich II. erlauben den Königsbergern nicht, die Krönungen mit dem gehörigen Aufwand zu begehen – ersterer aus Sparsamkeit, letzterer aus souveräner Verachtung der Formen.⁴

Im Jubiläumsjahr hat Königsberg rund 50 000 Einwohner und eine Garnison von 5000 Soldaten. (Zum Vergleich: im Jahre 1709 hat Berlin 57 000 Einwohner, 1800 sind es bereits 172 000). Es gibt 20 Kirchen, 76 Herbergen für Reisende, 16 Armen-, Witwen- und Waisenhäuser, eine Börse, eine Münze und 14 Wachhäuser an den Toren.

Im gleichen Jahr (1755) wird das Theater eröffnet; am 12. Juni wird Immanuel Kant mit einer Schrift über das Feuer zum Magister promoviert und am 27. September mit einer Abhandlung über die Prinzipien der metaphysischen Erkenntnis als Privatdozent zugelassen. Er hat in seinem ersten Semester 18 Hörer, davon sieben Schlesier.⁵

In Hippels Schriften spielt der Siebenjährige Krieg (1756-63) keine Rolle, obwohl Königsberg fünf Jahre lang von den Russen besetzt ist. Königsberg erhält den Titel kaiserlich-russische Stadt, der russische Doppeladler wird an die Stelle des Preußenaars montiert, doch das preußische Verwaltungssystem und die lutherische Kirche bleiben unangetastet; das Leben geht weiter wie bisher. In dieser Situation zeigt sich einmal mehr der kosmopolitische Geist dieser Provinzstadt als Bindeglied zwischen Ost und West.

Wenn Friedrich II. sich auch wenig um die »Provinz« kümmert, wirkt der mit seiner Person verbundene Geist der Aufklärung doch auch nach Königsberg hinein und führt in der zweiten Hälfte des 18. Jahrhunderts zu einer Blüte geistigen und wirtschaftlichen Lebens. Die Königsberger Aufklärung ist nicht von einer Residenz getragen; nach der 1618 vollzogenen Vereinigung Preußens mit dem Kurfürstentum Brandenburg⁶ sind die wichtigsten Funktionen der Residenzstadt Königsberg auf Berlin übergegangen. Auf diese Weise gewinnt das Bürgertum schon zur Zeit des Barock Einfluß auf das geistige Leben; Königsberg bleibt fortan ein regionaler Mittelpunkt bürgerlicher Kultur. Die Insellage der Provinz hat nicht nur Nachteile, sie führt zu Geschlossenheit und einer Art Autarkie. Die Stadt verfügt über Buchhandlungen und Verlage, es gibt renom-

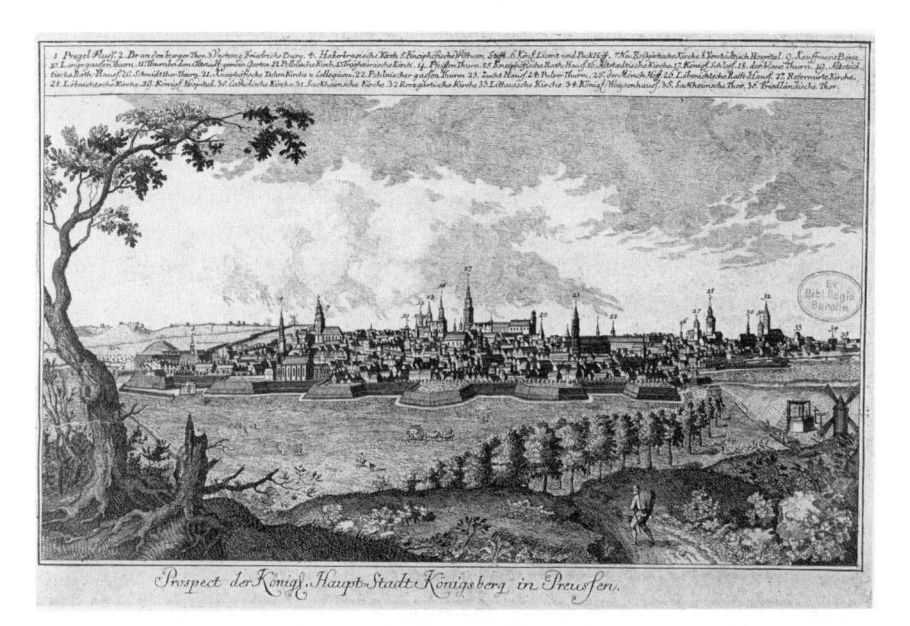

Prospect von Königsberg, um 1750.

mierte Zeitschriften; die Zensur wird laxer gehandhabt als in Berlin. In dem gutbesuchten Theater lösen die besten Schauspielgruppen Deutschlands einander ab. Mit dieser Entwicklung können Riga und Danzig nicht Schritt halten; die Großstadt Königsberg übernimmt alle wichtigen kulturellen Funktionen im Osten.

Königsberg erschließt sich nicht sogleich. Karl Rosenkranz bescheinigt der Stadt noch Mitte des 19. Jahrhunderts »nordische Schwere«, eine »gewisse Kahlheit, Ärmlichkeit«.[7] Trotz ihrer provinziellen Bescheidenheit aber hat sie ein so anregendes geistiges Klima, daß Kant es hier ein Leben lang aushält und Hippel als Student freiwillig vom Hof in Petersburg zurückkehrt.

Die Firmen Hartung und Kanter beherrschen Druckereien, Zeitungen und Buchhandel. Hartung ist der weitaus größte Verleger von Büchern, Kanter bringt die *Königsbergschen Gelehrte und Politische Zeitungen* heraus, die von 1764 bis 1796 (Hippels Todesjahr) montags und freitags in Kanters Buchladen ausgegeben wird. Zunächst sind Hamann und Johann Friedrich Lauson Redakteure, dann übernimmt Kanter selbst die Schriftleitung. Als Mitarbeiter gewinnt er auch Kant,

Hippel und Scheffner. Herder veröffentlicht hier seine ersten Rezensionen, Korrespondenten berichten aus Deutschland, Polen und Petersburg. Bei Kanter treffen sich die Schriftsteller und Gelehrten. Unter den Porträts an den Wänden seiner Buchhandlung finden sich neben dem Landesherrn, Moses Mendelssohn und Karl Wilhelm Ramler auch sechs lebende Königsberger, darunter der 44 Jahre alte Magister Kant, der 39jährige Professor Johann Gotthelf Lindner und der Hofgerichtsadvokat Hippel, mit 27 Jahren der Jüngste in der Runde.[8]

Ab 1790 entwickelt sich die Verlags- und Sortimentsbuchhandlung von Georg Heinrich Ludwig Nicolovius, der verschiedene Literaturzeitungen herausbringt; er hat einen vorzüglich ausgestatteten Laden mit Kunsthandlung vorzuweisen, ein beliebter Treffpunkt für die gelehrte Gesellschaft.

Die Königsberger Zeitschriften in den letzten Jahrzehnten des 18. Jahrhunderts sind Zeugnis des geistigen Lebens. In der Buchproduktion zeigt sich wie andernorts auch der Übergang von der lateinischen zur deutsche Sprache. Es entstehen Bibliotheken,[9] Privatbüchereien und Antiquariate – Ludwig von Baczko[10] eröffnet 1781 die erste öffentliche Leihbibliothek.

Das Theater, von Conrad Ernst Ackermann[11] erbaut und 1755 mit Racines *Mithridat* eröffnet, ist zwölf Jahre älter als das durch Lessing bekannt gewordene Hamburger Nationaltheater. Schon im ersten Jahr führt Ackermann Lessings *Miß Sara Sampson* auf, später auch den *Schatz* und den *Freigeist*. Nachfolger wird Ackermanns Stiefsohn Friedrich Ludwig Schröder. Nach einer Unterbrechung spielt Franz Schuch mit seiner Truppe in Königsberg. Im Theater treffen sich Professoren und Studenten, Adlige und Bürger, Kaufleute und Beamte. Seit 1767 erscheinen Theaterkritiken in den Zeitungen. Als Hippels anonym erschienenes Trauerspiel *Willefordt und Amalia* 1768 aufgeführt wird, finden die Bürger schon am Tag darauf ein Spottgedicht an einem Laternenpfahl. Unter Franz Schuch dem Jüngeren kommt auch Hippels Schauspiel *Der Mann nach der Uhr* (1765) zur Aufführung. Auf Schuch folgt die Döbbelinsche Gesellschaft (1768-70); schon 1768 führt sie Lessings *Minna von Barnhelm* auf. Das besondere Verdienst Karl Theophil Döbbelins ist der Verzicht auf den Hans Wurst und alle dazu gehörigen Schwänke. Später (1770-87) wird das Theater durch die Madame Schuch auf ein hohes Niveau gebracht; neben Shakespeare können die Königsberger die gesamte zeitgenössische Dramenliteratur kennenlernen. *Emilia Galotti* wird bereits im Jahr der Entstehung (1772) aufgeführt. In den Häusern des Adels und der reichen Kaufleute finden Liebhaberaufführungen statt; dort wird unter anderem *Minna von Barnhelm* und *Der Schatz* gespielt.

Auch im abgelegenen Königsberg gibt es Salons, in denen die gebildeten Kreise sich treffen. Am liebsten verkehrt Kant in dem eleganten Haus der Grafen Keyserling. In diesem schönsten Adelssitz Königsbergs finden Liebhabertheater und Hauskonzerte statt, bei denen Familie und Freunde mitwirken. Das Wunderkind Johann Friedrich Reichardt, der spätere berühmte Komponist und Hofkapellmeister bei Friedrich II. in Sanssouci, hat auf seiner Geige dort aufgespielt.[12] Bei Mittagstafeln, an denen Gelehrte teilnehmen, auf Bällen und Soireen vereint sich in privatem Rahmen der Musenhof mit der Akademie. Einzelne Häuser im herben nördlichen Königsberg entfalten eine Pracht, die dem Hof in Petersburg kaum nachsteht. Die Bürger bestaunen edle Pferde, kostbare Equipagen, Lakaien in bunten Livreen, Kosaken, Mohren und Heiducken.

Charlotte Caroline Amalie Gräfin Keyserling (1727-1791), eine gebildete, geistvolle Frau, die musiziert und malt, wird auf Antrag Chodowieckis 1786 zum Ehrenmitglied der preußischen Akademie der Künste ernannt. Kant verehrt sie aufrichtig. Während der russischen Besatzung hat er ihre beiden Söhne unterrichtet und ist damals schon Mittelpunkt ihrer Tafel gewesen; das älteste Porträt Kants ist eine Bleistiftzeichnung von ihrer Hand. An Keyserlings Tafel haben auch Hippel, Hamann, Scheffner und Christian Jakob Kraus gesessen.

Kants Feststellung, Königsberg sei »ein schicklicher Platz zur Erweiterung sowohl der Menschenkenntnis als auch der Weltkenntnis, wo diese, auch ohne zu reisen, erworben werden kann«,[13] sollte ernst genommen werden. Hippel, auf andere Weise ein beweglicher Geist, kommt zum gleichen Schluß. Es ist wohl die Randsituation dieser abgeschlossenen Stadt, noch betont durch das rauhe Klima mit langen, harten Wintern und kurzen Sommern, die Freundschaften tiefer, Verwandtschaft wichtiger, kulturelle Ereignisse kostbarer erscheinen läßt. Mehr als in zentral gelegenen und milderen Regionen sind die Menschen aufeinander angewiesen. Daraus erwächst bis heute ein Geist der Gastfreundschaft und Großzügigkeit, der den ganz besonderen Charme östlichen Lebens ausmacht. Dazu gehört freilich auch Schwermut bis zur Sentimentalität, der Hang zum Grübeln, die schaudernde Freude am Gruseligen. In dieser Welt gedeihen Originale und Käuze.[14]

Kant und seine Tischgenossen

Berühmt für die Königsberger Geselligkeit sind die Tafelrunden des Professors Kant. Er schätzt das Gespräch mit Freunden und Persönlichkeiten des öffentlichen Lebens bei gutem Essen, so daß Hippel ihm vorschlägt, doch eine »Kritik der Kochkunst« zu schreiben. Kant unterhält sich mit Leuten aus allen Schichten. Seine Tischrunden jedoch bleiben einem Kreis von Honoratioren vorbehalten; möglichst sollten es nicht mehr sein als die Anzahl der Musen.

In sein Haus in der Prinzessinstraße 3 kommen täglich gegen ein Uhr, kurz vorher vom Diener Lampe eingeladen, Adlige, Kaufleute und Professoren, Offiziere, Pfarrer und Verleger, Schriftsteller und Künstler; vorwiegend natürlich aus Königsberg. Zu den Gästen von auswärts gehört Moses Mendelssohn aus Berlin, der sich 1777 auf der Hin- und Rückreise nach Memel jeweils längere Zeit in Königsberg aufhielt. Zeitgenössische Biographen schildern Kant als heiteren Gastgeber, der in seiner Person »tiefsinnige Gelehrsamkeit« und »feine gesellschaftliche Politur« miteinander verbindet und sich lebhaft für Politik und Zeitgeschehen interessiert. Kant speist mit Genuß, besonders schätzt er Göttinger Würste und läßt nacheinander Weißwein und Rotwein servieren; er trinkt auch einmal ein Gläschen zuviel.[15] Ohne sich mit seiner Meinung aufzudrängen, hat der Philosoph das Gespräch in der Hand und läßt sich durch geistreiche Entgegnungen zu solcher Lebhaftigkeit anregen, daß es bei Tisch oft hoch hergeht. Eigensinnige Widersprecher und gedankenlose Jasager jedoch werden nicht wieder eingeladen. Um vier Uhr verlassen die Gäste die Tafel; Hippel ist nicht der einzige, der Kants Tischgespräche zu Hause aufschreibt.[16]

Emil Doerstlings Gemälde *Kant und seine Tischgenossen* (1892/93) versucht, eine solche Gesprächsrunde nachzugestalten. Es zeigt an

*Kant und seine Tischgenossen. Lithographie nach einem Gemälde von
E. Dörstling. Von links: Kaufmann Jacobi, Kaufmann Motherby, Kraus,
Hamann, Scheffner, der Arzt Hagen. Vorn von links: Hippel, Erzbischof Borowsky.*

der hinteren Tischseite den Kaufmann Johann Konrad Jacobi, den
Gastgeber Kant, den schottischen Kaufmann Robert Motherby, den
Kameralisten Christian Jakob Kraus (stehend),[17] den *Magus im Norden* Johann Georg Hamann, den Kriegsrat Johann George Scheffner
und den Arzt und Physiker Karl Gottfried Hagen. Die Ehrenplätze im
Vordergrund nehmen der Dirigierende Bürgermeister und Stadtpräsident Hippel sowie der spätere Erzbischof Ludwig Ernst Borowski[18]
ein. Wenn dieses Gemälde auch nicht historisch ist, hat es doch die
Vorstellungen der Königsberger geprägt, denn es hing zunächst im
Stadthaus, dann im Schloßmuseum. Es fällt auf, daß keine Professoren
der *Albertina* unter den Gästen sind; Kant sucht das Gespräch mit
Männern der Wirtschaft, der Politik und Verwaltung, um seinen Gesichtskreis zu erweitern.

Überraschend ist der Geist entspannter Toleranz, in dem die geistigen Wortführer Königsbergs miteinander umgehen. Kants Philosophie wird von Hamann, Hippel, auch Herder angegriffen, ohne das freundliche Einvernehmen zu beeinträchtigen. Zwischen Hippel und Kant hat sich zudem ein Zusammenwirken besonderer Art entwikkelt: Kants Anliegen, begabte Absolventen der *Albertina* zu fördern, entspricht Hippel als einflußreicher Politiker durch Empfehlungen und Vermittlung von Stellen. Auch Wohnungen kann er beschaffen; nicht zuletzt hat er Kant sein kleines Haus in der Prinzessinstraße nicht weit von Universität und Dom besorgt.

Aus Hippels *Selbstbiographie* wissen wir, daß der persönliche Kontakt zwischen dem Philosophen und dem Bürgermeister über das Geplauder der Tafelrunden hinausging. Sie besuchten einander in ihrem privaten Zuhause und »mehr als einmal saßen wir von Mittags um 1 bis Abends 8 Uhr, [...] nicht aber um des Leibes, sondern um der Seele zu pflegen«.[19] In ihren Gesprächen über Tod, Jenseits und Unsterblichkeit, auf die Hippel in seiner Seelennot immer wieder angewiesen ist, geht es auch um das Gebet. Kant leugnet nicht, daß die religiöse Erziehung durch seine Mutter Spuren in seinem Denken hinterlassen hat, so daß Hippel, über die Kant-Episode in den *Lebensläufen* hinaus, in der vierten Auflage des Buches *Über die Ehe* schreiben kann:

> Da seine Philosophie Sachen enthält, welche der Stifter der christlichen Religion nicht so ins reine brachte (obwohl das Neue Testament, rechtverstanden und von Menschensatzungen geläutert, Winke der reinen theoretischen und praktischen Vernunft in sich faßt), so ist Herr Kant ein Christ, wie selten ein Philosoph vor ihm [...].

Einen wichtigen Bundesgenossen in der Auseinandersetzung mit dem Rationalismus Kants findet Hippel in Johann Georg Hamann (1730-1788), dem er übrigens auch mit Rat und Tat durch sein chaotisches Leben hilft. Der Sohn eines Wundarztes und Baders in der Königsberger Altstadt hat an der *Albertina* Theologie und Philosophie, Naturwissenschaften und Sprachen studiert. Ohne Abschluß beginnt er ein ungeregeltes Leben als Hofmeister hier und da, lebt in Livland, Kurland und London. Dem Sprachgenie von ungewöhnlicher Bildung gelingt es dennoch nicht, seine vielseitigen Tätigkeiten zum Broterwerb zu nutzen. Krisen aller Art, Glaubenszweifel, Depressionen lassen ihn immer wieder scheitern. Eigenem Bekunden nach hat er in London über der Bibellektüre seine »Bekehrung« gefunden. Schließlich beordert ihn sein Vater 1759 nach Königsberg zurück; nach einigen Jahren freier literarischer Arbeit verschaffen ihm Hippel und Kant zur Sicherung seiner Existenz eine Stelle bei der Zollverwaltung. Hamann ist immer wieder Stadtgespräch, nicht zuletzt, weil er in wilder Ehe mit einem Bauernmädchen lebt, mit dem er vier Kinder hat.

Hamanns Lebenselement ist der Umgang mit Büchern. Er liest auch fremdsprachliche Literatur, ist in allen Buchläden und Bibliotheken zu finden, leiht Bücher aus, wo es geht. Er korrespondiert mit Herder in Weimar, Lavater in Zürich, Matthias Claudius in Wandsbek, Moses Mendelssohn in Berlin, um nur einige zu nennen. Goethes Vertrauter Johann Heinrich Merck, Friedrich Leopold Graf zu Stolberg und Moses Mendelssohn haben Hamann in Königsberg besucht.[20]

Seiner unsteten Natur entsprechend, sind Hamanns Schriften aphoristisch und fragmentarisch. Er selbst bezeichnet seine mystisch anmutende Prosa als »verdammten, wurstigen Stil«. Hamann schreibt gegen den atheistischen Rationalismus wie auch den kirchlichen Dogmatismus an; er plädiert für den Zusammenklang von Vernunft, Gefühl und Intuition aus der Kraft des Glaubens. Darin begegnet er Hippel. Beide wehren sich gegen rationalistische Aufklärer vom Geist des Hamburger Orientalisten Hermann Samuel Reimarus in den von Lessing herausgegebenen *Fragmenten eines Ungenannten* (1774, 1777/78), die mit philologisch-historischen Methoden an die Bibel herangehen. Wie Lichtenberg und Lessing unterscheiden sie zwischen der sogenannten christlichen Religion und der Religion Christi.

Nach Andachten im Familienkreis gefiel sich Hippel darin,

> das Bild auszumalen, was die jetzigen Priester und Religionslehrer mit dem Heilande machen würden, wenn er wieder auf Erden erschiene. Er behauptete, sie würden es an Denunziationen bei Kaiphas und Pontius nicht mangeln lassen und keiner von ihnen würde unter den Rufern: crucifige fehlen [...]. Religion war Hippeln hiernach Sache des den Menschen in seinem ganzen Wesen durchdringenden Gefühls, der innersten Überzeugung,

die mit dem Menschen aufgewachsen seyn muß. Setzte er sich aber an den Schreibtisch, so dachte, grübelte und schrieb er, angehaucht von dem Skeptizismus der damaligen Zeit im Kampfe mit diesem und mit sich selbst.[21]

Obwohl Kant innerlich Abstand zu Hamann hält, schenkt er ihm hin und wieder seine ungedruckten Arbeiten, um sie mit ihm zu diskutieren; an seiner Tafel duldet der Philosoph den exzentrischen Bohemien nur der gemeinsamen Freunde wegen. Hippel hingegen sieht über Hamanns skurrile Schwächen, seine unbürgerliche Lebensweise hinweg, die er bei anderen streng verurteilt hätte, denn insgeheim fühlt er sich Hamann wesensverwandt. Als öffentliche Person sieht sich der Bürgermeister jedoch gezwungen, die abgründigen Seiten seiner Natur, die Neigung zu chaotischer Unordnung und schwermütigem Grübeln, seine Glaubensnot und Verlorenheit, zu verbergen. Einsamkeit und der gewohnte Hang zur Verstellung führen dazu, daß er selbst vor diesem Seelenfreund, der seine innere Verfassung so gut versteht, seine Schriftstellerei geheimhält.[22]

Freunde

Dieses Verhalten Hamann gegenüber wird Hippel um so schwerer gefallen sein, als er – zu seiner inneren Orientierung – auf den vertrauten Umgang mit Freunden angewiesen ist. Über die enge Verbindung zu Scheffner, Kant und Hamann hinaus sucht er gedanklichen Austausch und praktisches Zusammenwirken mit weiteren Königsbergern, die, jeder auf seine Art, das geistige Klima der Stadt prägen.

Johann Gotthelf Lindner (1729-1776), ein universal gebildeter, fleißiger Theologe und Schulmann, der sich auch literarisch betätigt, steht in regem Kontakt mit Hippel und Hamann. Beide geben viel auf sein Urteil. 1749 gründet er mit Hamann, Lauson und anderen die Zeitschrift *Daphne*. Nach neun Jahren als Rektor der Stadt- und Domschule in Riga – dorthin hat er den zwanzigjährigen Herder nachgezogen – wird er in Königsberg in rascher Folge dritter Prediger, Professor der Poesie und Hofprediger. Nachdem es ihm gelungen ist, die theologische Doktorwürde zu erwerben, erhält er weitere Ämter, so die Leitung der Königsberger *Deutschen Gesellschaft* (1766), der allerdings Kant und Hippel nicht angehören. Lindners Mitarbeit ist unverzichtbar in Kanters *Königsbergschen Gelehrten und Politischen Zeitungen*; in der Freimaurerloge *Zu den drei Kronen* wirkt er neben Kanter und Hippel als entschlossener Verteidiger des Systems der *Strikten Observanz*. Er veröffentlicht Schriften zur Theologie, Philosophie und Poesie, kümmert sich um das *Preußische Wörterbuch*,[23] arbeitet mit Hippel zusammen an dessen *Freimaurerreden* (1768) und nimmt Einfluß auf die *Geistlichen Lieder* (1772). Dankbar hält Hippel in der Loge eine viel beachtete und später veröffentlichte Gedächtnisrede auf Lindner (1777).[24]

Johann Friedrich Lauson (1727-1783) zählt zu den Königsberger Originalen. In ärmlichen Verhältnissen aufgewachsen, beginnt er schon mit acht Jahren zu dichten und macht dieses Talent zu seinem wichtigsten Gelderwerb; Hochzeiten, Geburten, Beerdigungen sind willkommene Anlässe für zahllose Gelegenheitsgedichte. Er muß es darin zu großer Fertigkeit und Berühmtheit gebracht haben, denn Lessing berichtet in einer Rezension, daß er »im großen academischen Auditorio, von einem ihm daselbst versiegelt überreichten Themate, aus dem Stegreife, über eine Stunde eine Rede, (horresco referens!) in deutschen Versen gehalten« habe. Lessing amüsiert sich darüber, daß Lauson diese Rede, »mit einem Attestate des academischen Senats« ausgestattet, »in der Welt herum« geschickt habe, und wünscht sich für die Zukunft eine Rede »in guten deutschen Versen!«[25]

Lauson bleibt trotz seines gewinnenden Wesens ein Außenseiter. Als Junggeselle und Bohemien sammelt er in seiner verwahrlosten Wohnung eine für damalige Verhältnisse erstaunlich große Privatbibliothek von etwa 8 000 Bänden an, bringt jedoch außer seinen flinken Improvisationen nichts Bleibendes zustande. Ohne geregeltes Einkommen, ständig in Geldnot, arbeitet er für die beiden Zeitungen und macht sich verdient um die poetische Tradition der »Sterblichkeitsbeflissenen« im Stil der *Kürbishütte* Simon Dachs[26]. Seine Gedenkrede auf Simon Dach zum 100. Todestag ist bis heute unvergessen.

Nach Temperament und Lebensstil gibt es Ähnlichkeiten zwischen Lauson und Hamann, doch fehlt ihm dessen Intelligenz und

Bildung. Hippel und Lindner lernen bei ihm das Komödienschreiben und die Anfertigung von Elegien und Trauerreden. Trotz aller Unterschiede sind der völlig anders veranlagte Hippel, Hamann und selbst der gewissenhafte Lindner ihm freundschaftlich verbunden, weil sich jeder von ihnen auf seine Weise mit dem Phänomen des Todes beschäftigt. Bei der ihnen gemeinsamen pessimistischen Weltsicht ist die Gewißheit gegenseitigen Vertrauens ein kostbares Gut, geradezu lebenswichtig. Lauson hat maßgeblich dazu beigetragen, die Todespoesie Hippels zur Entfaltung zu bringen.[27]

Johann Gottfried Herder (1744-1803) gehörte nicht zu Hippels Freunden, vielleicht waren sie sich zu ähnlich. Der ebenfalls selbstbewußt, wenn nicht eitel auftretende Herder mißtraut dem Älteren, fühlt sich durch ihn zurückgesetzt. Hippel hat diese Aversion nie verstanden und zutiefst bedauert; in schriftlichen Äußerungen hat er sich immer wieder zu Herder bekannt. Gemeinsam ist ihnen die grüblerische, zur Schwermut neigende Religiosität; verbunden sind sie auch durch die Freundschaft mit Hamann und das gemeinsame Interesse an Volksliedern aus dem baltischen Raum. Königsberg als Tor zu nordischen und östlichen Sprachen ist der eigentliche Nährboden für die Sammlung von Märchen und Sagen, vor allem aber Liedern. Es gehört zum guten Ton, lettische Lieder zu kennen und zu singen; auch in Hippels Haus wird diese Tradition gepflegt. Herder hat ein Herz für die Landbevölkerung der kleinen nördlichen Herzogtümer und beschäftigt sich mit ihrer Sprache und Dichtung. Ohne den Autor der *Lebensläufe* zu kennen, übernimmt Herder in seine Sammlung *Stimmen der Völker in Liedern* aus Hippels Roman Betrachtungen zur lettischen Sprache und – in abgewandelter Form – zwei Lieder.[28]

Während Herder in seinen ostpreußischen Jahren Sprachforschungen betreibt und sich um die Liedersammlungen kümmert, legt Hamann den Schwerpunkt auf die Entdeckung und Verbreitung Shakespeares. Aus beiden Ansätzen entwickeln sich in Königsberg wesentliche Grundlagen für das Selbstverständnis des *Sturm und Drang*.

Von besonderer Anschaulichkeit ist der Bericht des Würzburger Theologen Johann Friedrich Abegg (1765-1840), der am Ende einer ausgedehnten Reise zu den geistigen Größen der Zeit seinen Bruder

Georg Philipp, einen wohlhabenden Kaufmann, in Königsberg besucht. Im Frühsommer 1798 hat Abegg Gelegenheit zu vielen Gesprächen, die Häuser der Königsberger Prominenz stehen ihm offen. In seinem Tagebuch verzeichnet er vier Besuche beim vierundsiebzigjährigen Kant; auch seine Gespräche mit Königsbergern über Kant hat er notiert. Als Person wird der Philosoph allseits geschätzt und geliebt, doch seine Lehre findet wenig Zustimmung; insbesondere stößt sein Verhältnis zur Religion auf Kritik.[29] Wie Hippel, der am preußischen *Allgemeinen Landrecht* (1794) mitgearbeitet hat, spricht auch Kant der Französischen Revolution eine moralische Grundlage zu.[30] Abegg zeigt sich überrascht, ausgerechnet in den Tagen der Krönung Friedrich Wilhelms III. und der Königin Luise in Königsberg dort derart republikanische Überzeugungen zu finden. Man spricht auch über Hippel, der zu dieser Zeit – zwei Jahre nach seinem Tod – in Königsberg übel beleumdet ist.[31]

Freimaurer

Ein nicht unbedeutender Teil der Königsberger Geselligkeit spielt sich in der Freimaurerloge *Zu den drey Kronen* ab. Als Tochterloge der Berliner *Großen Königlichen Mutterloge Zu den Drey Weltkugeln*[32] entsteht sie 1760 unter Mitwirkung russischer Offiziere – mitten im Siebenjährigen Krieg ein Symbol für den Anspruch, die drei Monarchien Preußen, Rußland und Polen im Sinne der Humanität miteinander zu versöhnen.

Als talentierter Poet wird Hippel schon im Alter von 21 Jahren aufgenommen, weil sich die Loge von ihm ein Gedicht auf die Thronbesteigung Peters III. wünscht. Er trifft dort alles, was in Königsberg Rang und Namen hat, ein unschätzbarer Vorteil für seine Karriere; der Student erhält vielfältige Unterstützung von den Logenbrüdern. Schon im ersten Jahr wird er zum Redner vorgeschlagen; er spricht *Über die Notwendigkeit, auch außer der Loge ein Bruder zu seyn*.

Hier ist Hippel in seinem Element. Mit temperamentvollen Reden bezaubert er die bedächtigen Königsberger, so daß er alle Grade in kürzester Zeit durchläuft; als »Eugenius a Falce« wird er sechs Jahre später zum Meister vom Stuhl gewählt. Die geheimnisvollen Riten des dem Christentum verpflichteten Männerbundes, die Möglichkeit, in einem Freiraum außerhalb der Politik zu sprechen, sind ganz nach seinem Herzen. Hier findet er das ihm so gemäße idealistische Streben, die Welt zu bessern, Vorurteile zu überwinden und Freundschaften zu vertiefen. Trotz seiner Jugend wird er aufgefordert, an der Neugründung der Danziger Tochterloge *Zu den drei Sternen* (1763) mitzuwirken. Er hilft Kanter beim Aufbau der Logenbibliothek und liefert Beiträge zu den *Freimäurerreden* (1768) und *Freimäurerliedern* (1772), die dieser dann abdruckt.

Hippel bekennt, »der M[aure]rey meine Menschen- und Weltkenntniß zu verdanken«. (SCHL, S. 337f.)

Die kulturpolitischen und geschäftlichen Verbindungen der Freimaurerlogen reichen über Mitau und Riga bis nach Berlin und Petersburg. Besondere Beziehungen zu Kurland ergeben sich aus dem Übertritt der *Dreikronenloge* zum templerischen Orden der *Stricten Observanz*[33] unter Beteiligung der Mitauer Loge *Zu den drei gekrönten Schwertern*. Von Kurland aus erfolgt dann die Aufdeckung von Fehlentwicklungen innerhalb des Templerordens; Elisa von der Recke berichtet Hippel und Kant im Salon der Gräfin Keyserling über die fragwürdigen Umtriebe des Grafen Cagliostro.[34]

Die märchenhafte Geschichte dieses Hochstaplers zeigt die Faszination und Verführung, die paradoxerweise im Jahrhundert der Aufklärung von den geheimen, mystisch geprägten Riten des Logenwesens und den okkulten Zaubereien obskurer Magier ausgeht.

Als Giuseppe Balsamo 1743 in Palermo geboren, glänzte er durch Zaubertricks und Betrügereien, gab sich als Meister der Kunst aus, in alchemistischen Experimenten Gold herzustellen, gab Unterricht in Geheimwissenschaften und behauptete, um den Stein der Weisen zu wissen. Ab 1776 reiste er als Graf Cagliostro unter größter Prachtentfaltung kreuz und quer durch Europa und bahnte sich einen Weg in die entarteten »Hochgradlogen«. In England entwickelte er den »ägyptischen Ritus«, gab sich als Sendbote des Propheten Elias oder des Großkophta aus, schließlich als Großkophta selbst; am Ende behauptete er, göttlichen Ursprungs zu sein. Es verschlug ihn auch nach Mitau in Kurland, wo Elisa von der Recke seine in Mitau begangenen Betrügereien aufdecken konnte.[35] 1785 gründete er in

Paris die Damenloge *Isis*; Großmeisterin war seine schöne Frau Lorenza. Schließlich wurde er zu Unrecht beschuldigt, das Halsband der Königin Marie-Antoinette gestohlen und nach England verkauft zu haben; er wurde in die Bastille geworfen, kam wieder frei, starb nach seiner Verurteilung zum Tod 1795 im Fort Santa Leone im Herzogtum Urbino, wahrscheinlich von seinen Bewachern zu Tode gequält. In Goethes *Großkophta* und *Faust,* in Schillers *Geisterseher* sind die bekanntesten Spuren dieses Sizilianers in der deutschen Literatur zu finden.

Hippel ist um die Reinhaltung und moralische Integrität seines Ordens bemüht; darum wehrt er sich in späteren Jahren gegen allzu häufige Neuaufnahmen. Doch die inhaltliche Verflachung, »der überall einreißende Klubgeist, der nur auf Zeitvertreib gerichtet war« (SCHL, S. 338), ist nicht zu verhindern, so daß er sich allmählich zurückzieht. Anders als Lessing erteilt Hippel der Freimaurerei jedoch keine Absage, »selbst, wenn er die Nichtigkeit des Gesehenen und Gehörten merkte [...]: ⟨Warum soll ich die Fäden abschneiden? Mögen sie immer hängen bleiben; ein Fremder sieht sie nicht und mich hindern sie nicht; und wer kann mir die Unmöglichkeit einer bessern und festeren Anknüpfung in der Folge beweisen?⟩« (SCHL, S. 340). Hier zeigt sich sein Charakter. Die Ideale der Freimaurerei in allen Ehren; doch Hippel als weltkluger Taktiker schaut auf gesellschaftliche Verbindungen, auf Ansehen und Karriere. Auf das Angebot, in den *Illuminaten-Orden*[36] einzutreten, läßt er sich allerdings nicht ein, doch besucht er den Konvent zu Wiesbaden (1783), eine seiner wenigen großen Reisen.

Hippels zweiter, ebenfalls breitangelegter Roman *Kreuz- und Querzüge des Ritters A bis Z.* (1793/94)[37] zeigt seinen »Hang zur Schwärmerey« (SCHL, S. 340) und die Faszination durch geheime Gesellschaften und Ordenszeremonien, aber auch die Skepsis gegenüber der Realität des Logenlebens. In einer handfesten Satire rechnet er mit dem Adel und den Entartungen innerhalb der deutschen Freimaurerei ab, natürlich anonym, als *Verfasser der Lebensläufe nach aufsteigender Linie.* Ein kurzer Einblick in den humoristischen ›Ton‹ des Romans:

§.1.
Der Name
meines Helden ist kurz und gut: A.B.C. bis X.Y.Z. des heiligen Römischen Reiches Freiherr von, in, auf, nach, durch und zu Rosenthal, Ritter vieler Orden trauriger und fröhlicher Gestalt, [...]. (I, S. 3)

§.71.
Erkenntlichkeit
[...] Der gute Ritter hatte freilich bis zum 72.§. in diesen Kreuz- und Querzügen gegrünt und geblüht, und dreimal sieben Jahre mit seiner Ehegattin in einer exemplarischen Ehe gelebt. [...]

§.72.
scheiden
[...] Was ist unser Leben? Wer weiß von uns, die wir dies Buch schreiben und lesen, wie viele Paragraphen uns noch bevorstehen? – Wie Gott will! (I, S. 376)
[...] – ich war so wenig ein Knecht des Todes [sprach der Ritter zum Abschied], als ich je Knecht irgend eines Menschen gewesen bin. Ich lebte, bis ich sterbe; ich sterbe, weil meine Stunde schlägt; ich gehe zu Bette, weil ich schläfrig bin. Eine leichte Todesart! Es ist genug; so nimm nun, Herr, meine Seele [...]. So sind meine letzten Stunden selbst ein herrliches Geschenk der Vorsehung [...]. (I, S. 381)
Als etwas Besonderes ward bemerkt, daß auf Stirn und Gesicht unsers Ritters sich keine Falte zeigte. – Kein Fluch, sagte die Ritterin, beunruhigte den Seligen; seine Rechnung war rein und richtig abgeschlossen, und kein Deficit quälte seine scheidende Seele. – Will man sagen, er war tugendhaft, weil er keine Gelegenheit hatte, lasterhaft zu seyn, fügte die Nachbarin hinzu, so irrte man: er war reich. – [...] (I, S. 399f.)

§. 82.
Ruhe wohl,
edler Ritter! Deine Werke folgen dir nach! – Nie werde deine Asche durch den Fuß eines Drachen von Türken entweiht, und wenn eine Schlange von Mamelucken diese Straße zieht, und lä-

> stern will, falle ihm von dieser heiligen Asche so viel in die unrechte Kehle, daß er sich bekehre und lebe. [...]   (I, S. 401)

Der Roman endet:

> Wer irrt nicht von A bis Z, und von Z bis A? Ob als Ritter oder Nichtritter, thut nichts zur Sache. Die irrende Ritterschaft unsers ABC war nicht ohne Segen [...].
> Sollte wohl Jemand glauben, ich hätte zu viel von Ordensgeheimnissen entdeckt? Zu viel? [...] Eldorado ist, so wie das Himmelreich, nicht in Büchern, sondern in uns; in uns ist Eldorado! –   (II, S. 376f.)

Bedauerlicherweise wurden Hippels Notizen zur Freimaurerei gleich nach seinem Tod vernichtet.[38] Der dafür verantwortliche Neffe spricht von einem »Heft mit Sammlungen und eignen Gedanken zur Geschichte der Freimaurerei«, das durch die »unglückliche Dienstfertigkeit« eines Beamten dem Feuer übergeben worden sei;[39] Schlichtegroll dagegen spricht von einer »voluminöse(n) Collection«, die »bald nach seinem Tode ohne die mindeste vorgängige Revision dem Feuer geopfert« wurde (SCHL, S. 341). Der Neffe hat das Thema aus dem Briefwechsel mit Scheffner weitgehend gelöscht: »Es geschah theils um darzuthun, wie frei Hippel von Schwärmerey und Überspannung war [...]«.[40]

4. Der preußische Beamte

Ein Polizey-Director mit solch einem Herzen!
an Scheffner

Der »Dienst«, die Karriere. Zeitgenossen betonen Hippels Begabung für öffentliches Auftreten und politische Wirkung. Schlank und mittelgroß, in den Bewegungen etwas hölzern, wirkt er zunächst unscheinbar; doch mit seinem lebhaften, ausdrucksvollen Gesicht, schwarzhaarig und mit braunen Augen, verfügt er über eine starke Ausstrahlung. Hippel kleidet sich betont einfach, für »vornehme Tafeln allerdings putzte er sich bestmöglichst« (SCHL, S. 355f.). Sein Verhalten Vorgesetzten gegenüber ist »ceremoniös«, Untergebenen begegnet er knapp und streng – »er schien zum Befehlen geboren«.[1] Nicht zuletzt durch seine Übungen im Predigen und den Unterricht in »Declamation und Mimik« bei Königsberger Komödianten ist er ein mitreißender Redner und damit als Anwalt rasch erfolgreich. Sein öffentliches Leben ist keineswegs chaotisch, sondern äußerst korrekt; in der Organisation seines Privatlebens ist Hippel von eiserner Disziplin. Nur so kann er dem heimlichen Schreiben Raum schaffen.

Nach der Schilderung Theodor Gottliebs d.J., der als Schüler und Student jahrelang im Hause Hippels lebte, sitzt Hippel um fünf Uhr früh am Schreibtisch und geht im Sommer gegen sieben, im Winter gegen acht Uhr zu den Sitzungen des Magistrats, nachdem er vorher seine Polizei-Inspektoren angehört und unterwiesen hat. In der Regel sind die Dienstgeschäfte gegen dreizehn Uhr beendet. Ein bis zwei Stunden gehören den mittäglichen Tafelrunden zu Hause oder bei Freunden; die übrige Zeit ist der Lektüre und seiner Schriftstellerei gewidmet. Im Winter um drei Uhr und im Sommer um sechs Uhr folgt ein Spaziergang zu seinem Garten auf den *Hufen* vor der Stadt, »die Zeit seiner geistigen Konzeptionen, die er am Abende, oder am folgenden frühen Morgen in Grundstrichen aufs Papier warf«. Große Tischgesellschaften und die »formellen Thee's der großen Welt« sind ihm unangenehm; dort zeigt er sich nur kurz. Zeit ist ihm mehr wert als Geld.

Wenn er Ausgezeichnetes leistete, so erzeugte die Zuversicht des Gelingens neues Bestreben. Und darin eben lag der Erfolg, der alle seine Bestrebungen krönte und ihn im Denken wie im Handeln, in der Arbeit wie in der Erholung, im öffentlichen wie im häuslichen Leben als den Seltenen erscheinen ließ, der für Alles die rechte Zeit wisse, und überall auf der rechten Stätte stehe. Jedem Amte, jedem Auftrage, jedem Geschäfte gab er Licht und Ehre. Daher sein Thun überall praktisch und er als Centralkopf, wie Kant ihn nannte, erschien.[2]

Verwaltung und Polizei fürchten den Bürgermeister, denn ihm entgeht nichts. Er kümmert sich um jedes Detail. Seine Taktik, sich inkognito mit einem Mißstand, und sei es eine defekte Straßenlaterne, vertraut zu machen, bevor er seine Beamten scheinbar ahnungslos dazu befragt, wirkt Wunder, schafft schnell Ordnung in der Stadt. Vor allem aber findet Hippel endlich einen Weg, der ständigen Brände Herr zu werden. Das Feuerlöschwesen in Ordnung gebracht zu haben ist seine größte Leistung. Ursprünglich hatte es eine »Feuersozietät« unter Verwaltung der Zünfte gegeben, die mit den Brandkatastrophen nicht fertig wurde; die meisten Häuser waren damals noch aus Holz, und ganze Straßenzüge brannten im Nu ab. Am Weihnachtstag 1780 – Hippel ist noch nicht einmal offiziell in sein Amt eingesetzt – holt man ihn wegen eines Brandes aus der Kirche. In der ersten Reihe gegen die Flammen kämpfend, gelingt es ihm, das Feuer zu löschen. Sofort läßt er die Verantwortlichen ermitteln, verbietet den Nachtwächtern, unnütz ins Horn zu blasen, was nur zu Panik führe, und setzt schließlich (1784) gegen die Zünfte eine städtische Verordnung durch mit der Wirkung, daß in Zukunft die Brände nie mehr als zwei oder drei Häuser befallen.[3]

Der »Dirigirende Bürgermeister« ist zugleich Repräsentant der Stadt und Polizeidirektor. Hippel hatte eine unfähige und korrupte Verwaltung übernommen, doch erhält er Unterstützung durch eine Neuordnung (1783): Als einziges Magistratsmitglied ist er königlicher Beamter, dem die ostpreußische königliche Kriegs- und Domänenkammer in der Umsetzung finanzieller und juristischer Entscheidungen behilflich ist. Zunächst nimmt er sich die Reorganisation und Modernisierung des Polizeiapparats vor. Er überwacht den Magistrat, also das Ratskollegium, die Wahl der Landprediger, sofern er das Patronatsrecht hat, die Beamten in den Schulen. Ein besonderes Anliegen sind ihm Stiftungen und Armenanstalten; die Bettler verschwinden von den Straßen, regelmäßige Besuche in den Gefängnissen gehören zu seinen Aufgaben. Er hat den Handel zu beobachten; dazu gehört die Kontrolle von Münzwesen, Maßen und Gewichten. Hippel kümmert sich um die äußere Gestaltung der Stadt, um die Pflasterung von Straßen und Plätzen, die Anlage und Betreibung von Brunnen, die Beleuchtung der Gassen. Wesentliche Aufgaben sind die Sorge für das Gesundheitswesen und die Regelung öffentlicher Steuern und Abgaben.

Recht und Gesetz

Nach Abschluß der *Lebensläufe* (1781) hat der Bürgermeister in den folgenden zehn Jahren kaum noch Zeit zur literarischen Arbeit. Er schreibt verschiedene juristische Abhandlungen; als besonders wertvoll gelten seine Beiträge zur Reform des *Allgemeinen Preußischen Landrechts* (1784).

Friedrich II. hat in einer *Cabinetsordre* (14. April 1780) die Ausarbeitung eines *Allgemeinen Gesetzbuches für die preußischen Staaten* angeordnet, um die bestehenden Gesetze zu überprüfen und verständlicher zu formulieren. Für jede Provinz soll ein eigenes, klar umrissenes Gesetzbuch geschaffen werden. Unter der Leitung des Kanzlers Friedrich Alexander von Korff wird eine fünfköpfige ostpreußische Provinzialgesetzeskommission in Königsberg gebildet, der auch Hippel angehört.

»Sie können nicht glauben«, schreibt er an Scheffner,

> wie schwer es mir wird, wider meine Einsicht zu arbeiten. Sie verwirrt mir vorzüglich den Kopf, obgleich sie mir, da ich von vielen Arbeiten dispensirt bin, z.B. vom richterlichen Amt und zum Theil von Magistratsarbeiten, auch Gelegenheit zum Studiren giebt, ich kann jetzt mit Wahrheit sagen, daß ich die Rechte studire. Wenn ich bey der mir anvertrauten Commissionsarbeit bliebe, wär ich freylich nicht weit.[4]

Hippel hat das *Criminalrecht* auszuarbeiten und beschäftigt sich in der Abteilung des Personenrechts auch mit der rechtlichen Stellung der Frau, für deren Gleichberechtigung er sich in kritischen Kommentaren einsetzt. Wegen seiner juristischen Arbeiten findet er in Berlin so viel Anerkennung, daß er vermutlich deshalb Ende des Jahres durch Erlaß des Königs zum Dirigirenden Bürgermeister von Königsberg ernannt wird.

Abegg berichtet über eine Tafelrunde Kants am 14. Juni 1798, zwei Jahre nach Hippels Tod:

> Man sprach auch einmal von Hippel. Nämlich ein gewisser Stadtrat von hier machte falsche Obligationen für mehr als 70.000 Taler und brachte dadurch viele Menschen ins Unglück. Als endlich die Strafe verhängt wurde, daß er am Pranger stehen sollte, traf Hippel die Einrichtung, daß man von dem Verurteilten, zumal wenn er den Hut gut auf den Kopf drückte, wegen eines Gestells nicht viel sehen konnte. Nachher kam dieser Betrüger in die hiesige Festung, ist noch in derselben und darf Leute aus der Stadt zu sich bitten lassen. Dies ist nicht recht, sagte Kant. Er lebt ja so in einem sehr angenehmen Exil und soll selbst gestehen, daß er jetzt viel glücklicher sei als in der Zeit, wo er stets darauf habe sinnen müssen, Geld herbeizuschaffen, um seine Gläubiger zu befriedigen.[5]

Offensichtlich geht es Hippel um die Ehre des Verurteilten, seine Würde. Der Polizeidirektor hat sich zum Prinzip gemacht, nach den gesellschaftlich bedingten Umständen und der psychischen Disposition zu fragen, die zu einem Verbrechen führen, und die Auswirkungen von Strafen auf das Verhalten des Täters zu bedenken. Schon als junger Rechtsanwalt hat er in seiner Schrift *Auf die Frage: Ist es rathsam, Missethäter durch Geistliche zum Tode vorbereiten und zur Hinrichtung begleiten zu lassen* (1769) dafür plädiert, daß die Geistlichen eine »psychologische Geschichte des Verbrechers« aufsetzen sollten, auf die dann das Urteil Rücksicht zu nehmen habe (SCHL, S. 394). In dieser Haltung begegnet sich Hippel mit Karl Philipp Moritz (*Magazin für Erfahrungsseelenkunde*)[6] und Friedrich Schiller, der in seinem Jugenddrama *Die Räuber*[7] gegen die starre Rechtsordnung Sturm läuft und sich später in der Erzählung *Der Verbrecher aus verlorener Ehre*[8] des Themas erneut annimmt.

Der permanente Konflikt zwischen Überzeugung und offiziellem Handeln, die Notwendigkeit der Maske, zeigt sich besonders drastisch in einem Fall von doppeltem Kindsmord; Hippel hat als Vorsitzender des *Criminalgerichts* das Urteil zu sprechen. Nach der Hinrichtung schreibt er – anonym – die Urteilsschelte *Nachricht die von K*sche Untersuchung betreffend. Ein Beitrag über Verbrechen und Strafen* (1792). Darin heißt es:

> Die menschliche Strafgerechtigkeit ist ein beflecktes Kleid, und da positive Strafen kein Vorbild in der Natur finden, welche blos durch die Folgen der Vergehungen straft oder eigentlich erzieht, so ist die […] Todesstrafe eine der mißlichsten und schwersten Aufgaben, die man eher zerhauen, als auflösen kann. Es ist Schwachheit, wenn Richter glauben, jeder Verbrecher thue aus Vorsatz Böses und begehe das Verbrechen blos in der Absicht, Böses zu thun; denn thut er es nicht durch Irrthum, weil er seine Handlung als ein Mittel ansieht, einen eingebildeten Vortheil zu erreichen?

»Schamhaftigkeit«, die bei unverheirateten Mädchen zum Kindsmord führen kann, ist für Hippel geradezu die »Physiognomie der Unschuld«:

> Oft gerathe ich in Versuchung, eine Unglückliche, welche ihre mütterliche Liebe zum Kinde dieser Scham halben verleugnete, so wenig verächtlich zu finden, daß ich vielmehr eine Halbschwester der Tugend in ihr verehre. Soll sie gestraft werden, so verdient sie eine Strafe, die noch nicht erfunden ist. Hebt man Schande und Scham im Staat auf, so sind seine Grundpfeiler erschüttert, sein Wesen und sein Nervensystem ist in Unordnung; Schamlosigkeit einführen, heißt dem Staate Opium verschreiben.
> (SCHL, S. 412f.)

Auch Schillers »Verbrecher« ist durch die »Schamhaftigkeit« geschützt, bevor »Verzweiflung und Schande« ihn zwingen, »die Ehre entbehren zu lernen«; erst danach wird er zum Mörder.

Adel

In Berlin werden Hippels Verdienste mit Aufmerksamkeit registriert. Friedrich Wilhelm II. ehrt ihn 1786 mit einer Medaille und verleiht dem Bürgermeister den Titel eines »Geheimen Kriegsraths« und Stadtpräsidenten; letzterer war bis dahin der Stadt Berlin vorbehalten. Durch diese Erfolge ermutigt, bemüht sich Hippel, den alten Familienadel zu erneuern.[9] Schockiert über die Entwicklung der Französischen Revolution, glaubt er, daß es im Interesse der Fürsten wie der Völker liegen müsse, sich durch eine »auf Grundeigenthum fester basierte Aristokratie« gegen solche Entartungen zu schützen.[10] Dazu kommen Ruhmsucht und Familiensinn. Um jene Zeit hat er junge Verwandte um sich versammelt, die sein Lebenswerk fortsetzen sollen; vier Neffen interessieren sich für eine militärische Laufbahn, die Bürgerlichen verschlossen ist.

In der Königlichen Verleihungsurkunde vom 6. 11. 1790 heißt es:

> Wir ordnen setzen und wollen demnach, daß nun und hinführo mehr bemeldete, Unser Geheimer Krieges Rat Theodor von Hippel, der Geistliche Gotthard Friedrich von Hippel, der Doktor Medicinae und Bürgermeister George von Hippel, der Stadtkämmerer und Ratsverwandter Melchior von Hippel und der Ratsverwandte und Magistratsmitglied Christoph von Hippel, wie auch alle ihre eheliche Leibeserben und Nachkommen beiderlei Geschlechts in absteigender Linie, rechtmäßig und recht geborene, Stifts- und Rittermäßige Edelleute seien [...].[11]

Die Verwandten können nun Grundbesitz erwerben und weiter vererben; die Offizierslaufbahn steht ihnen offen. Folgerichtig verfügt Hippel in seinem Testament, daß der größte Teil seines Erbes für den Ankauf eines Ritterguts zu verwenden sei. Der Neffe Theodor Gottlieb kauft am 26. Februar 1797 die Majoratsherrschaft Leistenau in Westpreußen, die bis 1835 im Besitz der Familie verbleibt; 1802 und 1805 kommen weitere Güter hinzu.[12]

Die Königsberger sind nicht einverstanden; ihrer Meinung nach hätte Hippel Bürger unter Bürgern bleiben sollen. Nur auf seine Person bezogen, hätte er den Titel früher haben können; doch das lehnt er ab, denn im Grunde verachtet und verspottet er den Adel.

In den *Lebensläufen* zeigt sich Hippels ambivalente Haltung in der Art, wie er den kurländischen Landadel schildert. Er läßt kaum eine Gelegenheit aus, den »Freistaat Curland« anzugreifen, in dem seiner Überzeugung nach Willkür der Grundherren und damit Gesetzlosigkeit an der Tagesordnung sind; Minchen ist dem Herrn v. E. schutzlos ausgeliefert, bevor sie sich nach Preußen retten kann.

> In Curland [...] ist Sklaverey und Freyheit zu Hause. Jeder Adelhof ist ein Thron, jeder Thurm Sibirien, jeder Stock Scepter. Der Edelmann ist Despot, Tyrann, seine Einwohner, bis auf den Pastor loci und den Hofmeister [...] – Sclaven! (LL III, 431f.)

Kultivierte und tolerante Edelleute in der Art des Herrn v. G., die sich mit Pastoren befreunden können, stellen eine Ausnahme dar.

Preußischer Patriot und Weltbürger

Eine Begründung für den Wunsch des Bürgermeisters, den erblichen Adel zu erneuern, ergibt sich – so paradox es scheint – aus seinen fortschrittlichen politischen Überzeugungen. Seinem Herzen nach ist Hippel Republikaner; schon in den Jahren vor der Französischen Revolution setzt er sich für die Gewaltenteilung im Sinne Montesquieus und die Verwirklichung der Menschen- und Bürgerrechte ein. In seinem Fragment *Über Gesetzgebung und Staatenwohl* diskutiert Hippel die drei Staatsformen Monarchie, Aristokratie und Demokratie:

> Die dritte und letzte Stufe der Regierungsform ist die Demokratie, wo jeder Bürger werth ist, Fürst zu seyn [...]. In dieser Stufe werden Gleichheit des Ranges und Vermögens sowie die Einfalt der Sitten sich von selbst finden, wenn sie nicht zu früh eingeführt wird, das heißt wenn die Bürger die Reife zu Weltbürgern erreicht haben.[13]

Bis die Zeit für diese Regierungsform reif ist, plädiert Hippel für die absolute aufgeklärte Monarchie nach dem Vorbild von Friedrich II. und Katharina II.:

> Den preußischen Staat halte ich für den einzigen, welcher dem Despotismus in Deutschland und einer deutschen Universalmonarchie entgegen zu arbeiten im Stande ist, und aus dem Menschenrecht und wahre Aufklärung ausgehen könnte; dies macht mich patriotisch und aus Patriotismus werde ich politisch, so daß ich ein Mensch und ein preußischer Patriot zu seyn für eins und dasselbe halte. (SCHL, S. 157)

Hippels Verhältnis zu Friedrich II. spiegelt diese Überzeugungen. Er versteht sich als loyaler Beamter und verdankt dem König seine Karriere, andererseits kann er den elitären Aufklärungsbegriff Friedrichs nicht unwidersprochen lassen.

Pflichtschuldig läßt er Alexander in den *Lebensläufen* eine seitenlange Lobeshymne anstimmen, denn so erwartet es das Publikum. Sie beginnt:

> Den König, den König, nicht einen König, den König hab' ich gesehen! Gern möcht' ich sagen, König, wenns nicht undeutsch wäre. Von Angesicht zu Angesicht, lieber Vater, gesehen! [...] Solch ein Aug' – hat er Augen? Sterne hat er, Sonnen, die ihr eigen Licht haben und Strahlen werfen. (LL III, 422)

Ohnehin scheint es klug, den König versöhnlich zu stimmen, denn Friedrich hat sich der Krönungsstadt Königsberg gegenüber eher ungnädig gezeigt; er vernachlässigt die Provinz zugunsten von Berlin. Als die Königsberger 1758 während der russischen Besatzung im Siebenjährigen Krieg ungeniert der russischen Zarin Elisabeth huldigen, reagiert er gekränkt und besucht die Stadt nicht mehr.

Zehn Jahre später, als engagierter Verfechter bürgerlicher Bildung, schlägt Hippel einen anderen Ton an:

> War es dein Ernst, guter Friedrich, die Menschen moralisch besser zu machen: so hättest du diesen Versuch [Schulgründungen des pietistischen Philosophieprofessors Franz Albrecht Schultz] nicht unterbrechen, sondern befördern sollen, einen Versuch, der auf Vernunft gebaut war, und der mindestens so viel bewirkt hat, daß im Preußischen unter den gemeinen Leuten weit mehrere, als irgendwo anders, England und Frankreich nicht ausgenommen, lesen und schreiben können! War es indeß blos königlicher

Scherz mit deinem Aufklärungswunsche: alsdann mußte Schultz freilich ohne Red und Recht seine Flügel verlieren und seinen Aufklärungsbemühungen Zaum und Gebiß angelegt werden.[14]

In der Aristokratie sieht Hippel das Bindeglied zwischen König und Volk – »eine Würde, die der Adel nur alsdann verdient, wenn er nie von der Mittelstraße weicht – eine Würde, die erblich seyn muß, damit der Monarch nicht die Wahl hat«.[15]

Als überzeugter Freimaurer betont der Stadtpräsident von Königsberg, daß er durch seine Politik »nur [...] die Menschlichkeit auf Erden« fördern wolle, »daß Ehre würde Gott in der Höhe, Friede auf Erden und dem Menschen ein Wohlgefallen«. Schillers Gedicht *An die Freude* klingt an. In dem Maße, wie das aufgeklärte Bürgertum von den Möglichkeiten politischer Gestaltung ausgeschlossen ist, gedeihen in den geheimen Gesellschaften Träume, die bis zu den Sternen reichen. Adolph Freiherr Knigge (1752-1796) zum Beispiel, wie Hippel im offiziellen Leben überaus korrekt, ja pedantisch, gerät in seinem Streben, das Wohl der Menschheit zu mehren, in Gefahr, den Boden unter den Füßen zu verlieren. Der Orden der *Stricten Observanz* geht ihm nicht weit genug; schwärmerischer Überschwang läßt ihn in den radikaleren, im katholischen Bayern gegen die Jesuiten gegründeten *Illuminatenorden*[16] eintreten und drei Jahre lang für dessen Verbreitung in Norddeutschland kämpfen. Nach dem Verbot dieses Ordens sieht sich Knigge Anfeindungen ausgesetzt, so daß er in seinem berühmten Buch *Über den Umgang mit Menschen*, 1788 in Hannover erschienen, zu allen geheimen Verbindungen kurzerhand erklärt: »Sie sind alle, freylich nicht in gleichem Grade, aber doch alle ohne Unterschied zugleich unnütz und gefährlich.«[17] Wie Hippel ist Knigge nicht ohne Geltungsdrang, wie dieser will er als »Weltbürger« in die Geschichte eingehen.

Der Stadtpräsident im Urteil der Königsberger Bürger

Aus wenigen, verstreuten Zeugnissen geht hervor, daß Hippel über die Tafelrunde Kants und die Salons hinaus hohes Ansehen genießt. Johann Friedrich Reichardt, der Musikschriftsteller und Komponist,

DIE HUFENPROMENADE

Der Bohlenweg (um 1850).

schätzt »dieses wichtigen, hochverehrten Geschäftsmannes hohe Ansicht von der Kunst, unerachtet er selbst keine der schönen Künste übte. Sein schriftstellerisches Talent hatte sich zu der Zeit [1774] noch nicht in seiner ganzen Fülle offenbart.«[18] Bei den einfachen Leuten ist Hippel beliebt, denn dieser Bürgermeister hat die Verwaltung geordnet, die Stadt sicher gemacht, für ausreichende Straßenbeleuchtung gesorgt und vor allen Dingen die Angst vor dem Feuer genommen. Die Bürger verdanken Hippel die Befestigung des *Philosophendamms* und den Bohlenweg zu den *Hufen* hinaus, so daß sie trockenen Fußes zu den dort gelegenen beliebten Ausflugslokalen gelangen können.

Nach seiner Rückkehr von Danzig (1794) empfangen sie ihn zur feierlichen Begrüßung mit einem Gedicht: *Froher Zuruf der Bürger.* Die letzten beiden Strophen lauten:

> Drum willkommen! – *Dich* empfängt die Freude – / was ist lauter Volkesjubel. – Nichts! / schöner ists, was wir für *Dich* empfinden / hier in unsern frohen Herzen, spricht's:

Sey willkommen an Pregollas Fluten, / *guter Vater unsrer Königsstadt* / nimm von uns statt einer Bürger-Krone / Dank und Liebe durch dies kleine Blatt![19]

Zwei Jahre nach Hippels Tod kann Abegg in seinem schon mehrfach erwähnten Reisetagebuch manche »treuen Zeugnisse« verzeichnen,[20] die in Schlichtegrolls *Nekrolog* eingehen. Der Kaufmann Georg Philipp Abegg, Bruder des Reisenden, kannte Hippel in den letzten acht Jahren seines Lebens. Sein Urteil ist wohl bezeichnend für den Stand der Kaufleute:

> Hippel war als Bürgermeister der Stadt die Seele des Magistrats. Die ganze Stadt und insonderheit die Handel treibende stand vor seinen Augen. Er ermunterte tätige Kaufleute, ehrte die weiter gekommenen sehr, und gab ihnen Ideen, wie sie zur Verschönerung der Stadt und doch auch zu ihrem Vortheil Gebäude errichten, verbessern könnten. Die Polizey war unter ihm vortrefflich: denn er war ein durchgreifender Mann, der, was er einmal sich vorgenommen hatte, durchsetzte. Wenn er schon auf seinen Vortheil sah, so beförderte er doch auch die gemeine Wohlfahrt, und wenn er ehrliebend war, so ertheilte er auch wieder Ehre sehr willig. Daß sehr viele unzufrieden durch seine Accuratesse, seine Strenge, seine Sparsamkeit hervorgebracht wurden, ist die natürliche Folge des Leichtsinns, der Schlaffheit und Unbesonnenheit der meisten Menschen. Alle fleißigen, verständigen, ordnungsliebenden Menschen haben ihn geschätzt und aufrichtig geehrt.[21]

Andererseits wirft er dem Bürgermeister Hochmut und Undank gegenüber früheren Gönnern vor und bescheinigt ihm eine ausgeprägte Liebe zum Geld; doch lobt er die Zuverlässigkeit und Zivilcourage Hippels, der durchaus imstande war, »selbst dem Minister geradezu zu wiedersprechen!«.[22]

Der jüdische Kaufmann Isaac Caspar bemerkt: »Hippel war gewiß kein eigentlich wohldenkender Mann, sondern ein kluger Egoist«;[23] man weiß, daß Hippel die Juden nicht mochte, aber mit ihnen lukrative Geschäfte betrieb.

Auch böswilliger Klatsch über das Privatleben des Verstorbenen kommt zutage. Nachdem die Freunde Einblick in Hippels Nachlaßpapiere erhalten und dort wenig schmeichelhafte Notizen über sich gefunden haben, äußern sie sich abfällig über seinen Lebenswandel. Der spätere Erzbischof Borowski, der mit Hippel ein Leben lang befreundet war und ihm seine Stelle verdankt, weiß zu berichten, daß Hippel seine abgelegten Mädchen über mehrere Mittelsmänner »an Gläubiger usw.« verheiratet habe.[24] Offiziell gibt er zu Protokoll:

> Er vertheidigte die Ehe, heyratete aber wahrscheinlich aus Wollust nicht; denn, wie man besonders nach s.[einem] Todte hörte, alle Art von Wollust verschaffte er sich. – – Einmal kam ich zu ihm. Ich sah seine Augen aufgelaufen, u.[nd] roth – wie sein ganzes Gesicht in Thränen gebadet. ›Was ist Ihnen?‹ ›Da sehen u.[nd] lesen Sie.‹ Auf s.[einem] Tische lag ein Bußlied, das er eben vollendet hatte.[25]

Christian Wilhelm Deutsch, der gleich nach Hippels Tod ein lobendes Gutachten für Scheffners Nachruf in der Freimaurerloge geliefert hatte,[26] bestätigt nun, daß Hippel in der Tat ein »großer Wollüstling« gewesen sei. Schlichtegroll ist offensichtlich unsicher, wie er mit diesen Zeugnissen umzugehen hat; vorsichtig spricht er in seinem *Nekrolog* von einer »Seitenthüre«, die der ehelose Hippel seiner »Sinnenlust« geöffnet habe (SCHL, S. 316).

Auf dem Rückweg nach Würzburg macht Abegg in Gotha Station und überbringt Schlichtegroll das Manuskript von Hippels Autobiographie sowie die erwähnten Stellungnahmen zu Hippels Charakter, die er handschriftlich im Anhang seines Tagebuchs verzeichnet hat. Bedauerlich, daß Schlichtegroll für seinen *Nekrolog* auf diese Quellen angewiesen ist, denn die posthumen Zeugnisse besonders der sogenannten Freunde sind Ausdruck von Verärgerung; sie lassen Hippel wohl kaum Gerechtigkeit widerfahren.

Theodor Gottlieb d. J. betont in seiner Vorrede zu *Hippel's Leben*, daß er von Ausschweifungen nichts bemerkt habe, obgleich er doch bis 1795 Hausgenosse des Onkels gewesen sei; er vermutet, daß gelangweilte Mädchen aus dem benachbarten v. Lesgewangschen Stift diese Gerüchte in Umlauf gebracht hätten.[27]

Viel später, Mitte des 19. Jahrhunderts, beschäftigt sich Karl Rosenkranz[28] mit Hippels Nachlaß, der an die Stadt Königsberg gegangen ist. Durch sein Porträt Hippels in den *Königsberger Skizzen* erfährt eine breitere Öffentlichkeit von den privaten Neigungen des Stadtpräsidenten. Als charakteristisch für Hippels Schriftstellerei bezeichnet Rosenkranz dessen Gewohnheit, alles aufzubewahren:

> Für ihn als humoristisch-satirischen Schriftsteller hatte daher alles Material den Werth eines Anregungsmittels. Man weiß ja, welche künstlichen Anstalten Jean Paul für seine Exzerpte machte, um immer einen großen Vorrath frappanter Combinationen schlagfertig zu haben.

Rosenkranz sieht in Hippels Kunstsammlungen sehr viel »Symbolik und Allegorie« enthalten, ein Hinweis auf dessen Vorliebe für »das Geheimnißvolle, das Andeutende, Halbversteckte«, auch auf die Tätigkeit als Freimaurer. Schließlich meint Rosenkranz auch den »Dualismus eines mystischen und eines faunischen Zuges« zu erkennen:

> Hier die Hoheit des Erlösers, welcher das Grauen des Todes am Kreuz überwindet und, wenn man das Blatt umschlägt, ein Satyr, der mit böckischem Grinsen vor der Busenfülle schlafender Nymphen athemlos dasteht.[...] Besonders häufig sind die Darstellungen von der Geschichte des verlorenen Sohnes.[29]

Hypochondrie

Den Verwandten gegenüber läßt Hippel durchblicken, daß er im Grunde lieber ein beschauliches Leben als Geistlicher auf dem Dorfe geführt hätte. Kann die Familie solche Äußerungen ernst nehmen, oder handelt es sich um sentimentale Stimmungen? Nur Scheffner weiß um das ganze Ausmaß der *Hypochondrie*, die er unnachsichtig verurteilt. Einerseits erstrebt Hippel die Anerkennung der Welt, andererseits kann er sie nicht genießen. Er weiß jedoch, daß harte Arbeit von Melancholie ablenkt, und wenn diese dann Ruhm und Reichtum mit sich bringt, kann es ihm nur recht sein.

> Das probateste beste Mittel ist, fleißig zu seyn. Denn wer an sich zu viel denkt, mit sich zu viel umgeht, verdirbt nicht nur die Zeit als ein Spieler, sondern ist auch wahrlich in keiner guten Gesell-

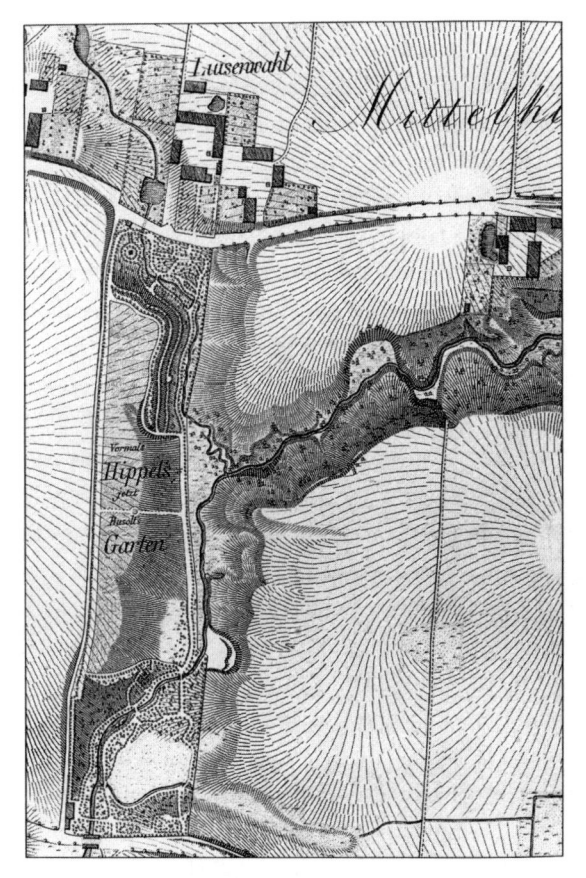

Hippels Garten (1815).

schaft. […] Ich diene vorzüglich mit aus dieser Reflexion, weil der Dienst das Leichteste ist, womit man sich beschäftigen kann.
(SCHL, S. 346)

Schon ein Jahr nach seiner Ernennung zum Bürgermeister zeigt Hippel Amtsmüdigkeit. »Ich habe viel gelitten«, schreibt er an Scheffner, »und leide noch. Meine Arbeiten gehen hiernächst über mein Haupt, wie eine schwere Last. Meine einzige Zuflucht ist die Mutter Natur.«[30]

Täglich geht er auf dem Bohlenweg hinaus zu seinem ländlichen Anwesen, um Ausgleich und Entspannung zu finden. Über Jahre sammelt er seine Gedanken und Eindrücke in den *Handzeichnungen nach der Natur* (1790), lyrisch anmutenden Betrachtungen im Stile der *Reveries du promeneur solitaire* Rousseaus.

Hippel entwirft seinen Park auf den *Hufen* als einen »Ort, wo man die Natur leicht fragen, wo man Aussicht hat, und gehen kann«.[31] Auf der Anhöhe steht eine Bank unter der Silberpappel, von der aus der »Eremit« den Garten in seiner ganzen Ausdehnung, die umliegende Landschaft, den Pregel und die Stadt Königsberg überblickt. Ein Teil des Geländes ist mit Erdhügeln, herumliegenden Totenschädeln und Grabesblumen wie ein Kirchhof eingerichtet, um den einsamen Wanderer an den Tod zu erinnern. Ein Leichenstein mahnt: »Hier ist all' Eines / Herr und sein Knecht, / Großes und Kleines, / Adel und Schlecht. / Und so auch droben / im Himmelreich. / Unten und oben / ist alles gleich. / Glückliches Leben / ohn Mein und Dein! / Lern, Wandrer, streben / Deß werth zu seyn.«[32] Auf einer anderen Platte ist zu lesen: »Ich, du, er, wir, ihr, sie.« Selbst an Bäumen hängen Tafeln: »Dies Leben ist ein / Gang / Er sey kurz oder / lang / In beyden Fällen / Dank.«[33] Hier findet sich die Welt des »Sterbegrafen« aus den *Lebensläufen*.

Das kleine Landhaus, niedrig und breit, mit einem roten Ziegeldach, richtet Hippel als Refugium ein. Mit einem »Bauernstübchen« soll es an das Löwensteiner Pfarrhaus seines Großvaters erinnern. Hippel hat testamentarisch verfügt, daß der alte Gutshof mit dem Park gleich nach seinem Tod verkauft werden soll; das Anwesen geht an den Schulrat Busolt und wird nach dessen Frau *Louisenwahl* benannt. Während des Exils in Ostpreußen verbringt Königin Luise mit ihrer Familie die Sommermonate der Jahre 1808 und 1809 in Busolts Haus. Ihren Briefen nach, zum Teil mit *Hippel's Garten* überschrieben, hat sie sich dort wohl gefühlt. Im Sommer 1812 – auf seinem Feldzug nach Rußland – will auch Napoleon dort wohnen; sein Leibmameluck schreibt jedoch nach der Besichtigung mit Kreide an die Tür: »Misérable chateau pour un roi!« Anläßlich seiner Krönung am 15. Oktober 1861 besucht Wilhelm I. das Busoltsche Landhaus in Erinnerung an die Sommeraufenthalte seiner Kindheit. Später öffnet er den Park – nun zu Ehren seiner Mutter *Luisenwahl* genannt – für die Stadt. Zum 100. Geburtstag der Königin Luise (1874) wird dort ihre von den Bürgern gestiftete Büste, ein

*Hippels Landhaus – spätere Sommerwohnung von König
Friedrich Wilhelm III. und Königin Luise (1808//09).*

Werk Daniel Rauchs, aufgestellt; um die Jahrhundertwende folgt der Bau der neoromanischen *Luisenkirche*. Sie enthält heute ein Puppentheater; in *Hippel's* melancholischem *Garten* stehen Verkaufsbuden, daneben zieht eine buntbemalte elektrische Kinderbahn ihre Kreise.

Beide Häuser hat Hippel recht absonderlich gestaltet. Wie der »Sterbegraf« stopft er sie mit persönlichen Raritäten voll, die nicht immer einen sicheren Geschmack verraten. »Es war ihm lieb«, schreibt der Neffe,

> wenn er unter mehreren Mitteln, ein Bedürfniß zu befriedigen, das wohlfeilste wählen konnte. So war auch seine Bibliothek, so seine Gemäldesammlung erworben und zusammengesetzt. Die Inschrift der Bibliothek lautet: Allein und im Kleinen / Mehr seyn als scheinen![34]

Aus der Küche des Landhauses macht Hippel eine Einsiedlergrotte mit einer Kapelle. In seinem Stadtpalais zieht er häufig um; Lieblingsbilder stellt er auf Stühle, um sie leichter zur Hand zu haben.[35]

Bei alldem ist er »erstaunend einsam«, wie er in seinen Briefen an Scheffner immer wieder klagt.[36]

Sterben wird Hippel widerstrebend, voller Todesangst und Zweifel am Fortleben seiner Seele, als ihn die Hoffnung, seine Kraftquelle seit der Jugend, vollends verlassen hat. Der endgültige Verlust eines Auges trifft ihn schwer; Krankheit nach dem viel zu anstrengenden Aufenthalt in Danzig führt zum Verfall seiner Kräfte. Mit der ihm eigenen Zähigkeit und Disziplin läßt er sich dennoch nicht fallen: »Die Krankheit hindurch saß er immer auf dem Stuhle, vermied das Bette durchaus, hatte Acten vor sich.« (SCHL, S. 364f.) Auf seinen Wunsch hin wird er auf dem Armenfriedhof Königsbergs begraben; dort ist er auf dem Weg zu seinem Garten oft vorbeigegangen.

Karl Rosenkranz schreibt in seinen *Königsberger Skizzen*:

Wenn man vor dem Steindammerthor gleich rechts den ersten Weg abbiegt, so kommt man in eine Allee, die nach einem viel besuchten Gasthause, nach Sprechan, führt. […] Zur Zeit der Cholera war dies ein Armenfriedhof. Dicht an dem Graben, der diesen Kirchhof von der Allee scheidet, ist ein großer ziemlich platt an der Erde liegender breiter Sandstein bemerklich, über welchen mehre Bäume ihren Schatten hinwerfen und an dessen Kanten einige Ziegen und eine Milchkuh gern das sprossende Gras abrupfen. Unter diesem Stein ruht Hippel.

Hippel! Welcher Primaner wüßte nicht von Hippel auf dem Abiturexamen zu sagen, daß derselbe Jean Pauls […] Vorläufer gewesen und ein Buch, Lebensläufe in aufsteigender Linie geschrieben habe! Welcher Gebildete wüßte nicht, daß Hippel zu dem Triumvirat von Hamann und Kant gehört, wodurch Königsberg im vorigen Jahrhundert sich für immer in die Deutsche Literatur classisch einbürgerte! Welcher Königsberger wüsste nicht, daß Hippel, der Stadtdirector, der Polizeipräsident, ein sonderbarer Mann gewesen, daß der Bohlensteg auf den Hufen sein Werk sei! Dieser Bohlensteg der so schmal ist, daß immer nur genau zwei Personen neben einander darauf wandeln können, bei Begegnungen also zur Verlegenheit gebracht werden, wer zuerst dem andern die Höflichkeit erweisen will, in den Staub oder Koth der Chaussée niederzusteigen. Eine humoristische Schalkheit des alten Hippel; dieser Bohlensteg [...]. Aber wie viel Königsberger wissen wohl, wo Hippel schläft! Wie viele derer, die nach Sprechan gehen, Kaffee zu trinken, Billard, Karte, Domino zu spielen, wie viele wissen wohl, daß sie an seinem einsamen Grabe vorübergehen?[37]

5. Der heimliche Revolutionär

Männer, laßt doch Menschen seyn,
die Gott zu Menschen schuf

Wie konnte es sein, daß Hippels Schrift *Über die Ehe* im Jahre 1774 ein Bestseller wurde wie Goethes *Werther*? Die *Leserevolution* seit der Mitte des 18. Jahrhunderts hatte vor allem Leserinnen hervorgebracht, Frauen des gebildeten Bürgertums, die sich in Lesezirkeln trafen, um Neuerscheinungen zu lesen und zu diskutieren. Für den Adel und das gebildete Bürgertum ist das Lesen zur Mode, wenn nicht gar zur *Lesesucht* geworden. Man liest, um seinen Geschmack zu bilden, um mitreden zu können; bürgerliches Selbstbewußtsein entsteht. Nicht mehr das Lob der Fürsten und die Unterhaltung der höfischen Gesellschaft, sondern die Aufklärung des bürgerlichen Lesers ist gefragt. In den Lesekabinetten erfreuen sich Biographien und Reisebeschreibungen, neuerdings auch unterhaltsame Romane, großer Beliebtheit.

Auf dem Weg zur bürgerlichen Emanzipation steht nicht zuletzt die traditionelle Ehe auf dem Prüfstand. Nun diese Neuerscheinung. Welches Thema könnte für die Lesegesellschaften interessanter sein? Tatsächlich ist die erste Auflage schnell vergriffen; weitere (1776, 1792 und 1793) schließen sich an, die Hippel mit seinen Freunden Christian Friedrich Jensch[1] und Scheffner verändert und beträchtlich erweitert: mit jeder Auflage nehmen die Plädoyers für Freiheit und Selbständigkeit der Frau in der Ehe zu.[2]

Die anhaltende Beliebtheit dieses Buches trotz des veränderten Inhalts zeigt sich darin, daß die dritte Auflage von Daniel Chodowiecki illustriert wurde, dem »treuesten und liebevollsten Schilderer seiner Umgebung«.[3] Vielleicht hat Günter de Bruyn[4] recht, der Hippel die »List« zutraut, den bewährten Schlauch mit immer wieder neuem Wein zu füllen; ausdrücklich lobt er die Bereitschaft des Autors, Vorurteile abzubauen und sich laufend zu korrigieren.

Neben den Ehebüchern legt Hippel 1792 die Schrift *Über die bürgerliche Verbesserung der Weiber*[5] vor; nach der Französischen Revolution (1789) will er die Bürgerrechte nun auch auf die Frau angewandt sehen. Diesen Text hat der rastlose Autor ebenfalls umgearbeitet und mit Zusätzen versehen; ein Ergänzungsband erscheint posthum unter dem Titel *Nachlaß über weibliche Bildung* (1801). Bis heute haben diese Bücher wenig von ihrer Aktualität verloren; in manchen Aspekten sind sie noch Programm.

Kaum zu glauben, wie radikal sich Hippels Einstellung zur Frau verändert hat. Während er als junger Mann in den beiden ersten Auflagen des Ehebuches dem traditionellen Frauenbild folgt – die Frau soll durch Bildung und Erziehung dazu befähigt werden, ihren Mann geistvoll zu unterhalten, und im übrigen ihre Bestimmung als Ehefrau, Mutter und Hausfrau erfüllen –, fordert er gegen Ende seines Lebens die volle Gleichberechtigung der Frau in Familie, Gesellschaft und Politik.

Die Spanne seines Denkens wird deutlich in einem Vergleich der ersten Auflage des Ehebuches (1774) mit dem Traktat *Über die Bürgerliche Verbesserung der Weiber* (1792).

Über die Ehe

Diese erste Abhandlung ist witzig, bisweilen frech geschrieben, im launigen Stil; ein Bilderbogen von Beobachtungen, Thesen, Zitaten und spielerisch aufgeblätterten Assoziationen. Das kleine Buch strahlt eine heitere Grundstimmung aus, die den Melancholiker nicht ahnen läßt. Nach der »Natur« sollte sich alles »bequemen«, doch die Konventionen sind nicht danach. »Das Obst bricht ein jeder ab, wenn es reif ist«, geheiratet wird allerdings viel zu spät:

> Es ist eine unnatürliche Mode, die man Tugend nennt, erfunden, die vorzüglich den Mannspersonen zur Last fällt, nach welcher man nicht eher heirathen muß, als bis man kaum mehr dazu fähig ist. (S. 9)

Das schreibt der Junggeselle mit 33 Jahren als erfolgreicher Rechtsanwalt und königlicher Kriminalrat. Die wichtigste Pflicht der Eltern sei, »ihren Kindern zur Liebe Gelegenheit zu verschaffen«, denn die Liebe mache »Menschen zu Menschen. […] Je aufgeklärter die Menschen sind, je zeitiger werden Jüngling und Mädchen reif« (S. 10).

Das Glück der Ehe.
D. Chodowiecki: Kupferstich zu »Über die Ehe«. Frontispiz.

Bei so viel amüsant formulierter Provokation ist es kein Wunder, daß die Schrift bald in aller Munde ist. Zunächst entspricht sie den gängigen Vorstellungen von der Ehe: »Ein Frauenzimmer ist ein Consonans, den man ohne Mann nicht aussprechen kann« (S. 20). Demnach ist die Frau ohne Mann nicht wahrnehmbar, denn Konsonanten ohne den Klang der Vokale sind stumm. Doch was nützen dem Mann seine Vokale ohne »Consonans«? Nur im Zusammenwirken von Mann und Frau in der Ehe wird das Aussprechen möglich!

Hippel meint zur »Herrschaft in der Ehe«, die Natur selbst habe

Der einsame Hagestolz.
D. Chodowiecki: Kupferstich zu »Über die Ehe«. Titelblatt.

»die Weiber zum Regieren unfähig erklärt«, doch traut er ihnen offensichtlich geistige Überlegenheit zu:

> Wenngleich ihr Mann weniger Verstand hat, als Sie, Madame, es schadet nicht. Er ist Herr im Hause; wie klug handeln Sie, wenn sie der Natur nicht widersprechen, und wenn Sie sich wie ein Minister im Kabinet eines blöden Herren führen, der seinem Allergnädigsten alles zur Stempelung vorlegt. (S. 47)

Damit ist Hippels späterer Sinneswandel angedeutet; doch zunächst hat er nach persönlichen Enttäuschungen für Frauen wenig übrig. Geradezu misogyn klingen seine Empfehlungen *Zum Besten der Jünglinge*:

> Das Leben eines Ehemannes ist, bis auf den Punkt zu sterben, zu Ende. Man sollte sich ein Ehebette und ein Erbbegräbniß an Einem Tage bestellen. [...] Alle Romane, alle Comödien hören damit auf, weil das ewige Einerley des Ehestandes keine Dinge abwirft, die einer Beschreibung werth wären. (S. 49)

Und dennoch muß er zugeben, daß alle »Menschen« (!) einen Hang zur Bequemlichkeit haben und sich darum einen eigenen Herd wünschen; »und eine Frau ist eigentlich das Feuerzeug, ohne welches kein Licht angeschlagen werden kann« (S. 50).

Wie die *Lebensläufe* ist auch das Ehebuch voll autobiographischer Anspielungen. Gleich zu Beginn parodiert Hippel die unerfüllbaren Bedingungen seiner eigenen Brautwerbung: weder hatte er »zweytausend Reichsthaler Einkünfte«, noch war er »von Adel«, er hatte weder »sechzehn Ahnen« noch »sechs Pferde«, war auch nicht »auf Reisen gewesen« und hatte nicht »fünf Leute in Liverey« (S. 10). In diesem Zusammenhang fällt der Name »Lorchen« – eine Vorausdeutung auf den Roman, der vier Jahre später erscheint. Den abgewiesenen Jüngling bezeichnet Hippel als »verlohrenen Sohn«, eines der bevorzugten Motive seiner Gemäldesammlung. Revolutionäre Töne klingen an:

> Wie ungerecht also die Gesetze sind, wenn sie verordnen, daß ein Frauenzimmer einen Mann nehme, der ihm *ebenbürtig* ist, fällt in die Augen. Eine Misheirath ist in meinen Augen ein unausstehlicher Begriff. (S. 20)

Die Ebenbürtigkeit bezieht sich auf den gesellschaftlichen Status; zwischen Menschen unterschiedlichen Standes kann es nur eine »Misheirath« geben, die unrechtmäßig ist und zu gesellschaftlicher Ächtung führt. Der junge Hippel, ein überzeugter Republikaner, steht mit seiner Empörung über diese Vorstellungen nicht allein. Zwar richten sich bürgerliche Trauerspiele wie Lessings *Emilia Galotti* (1772) und Schillers *Kabale und Liebe* (1783/84) vor allem gegen das selbstherrliche Treiben an den absolutistischen Fürstenhöfen, doch zeigt die lebhafte Aufnahme dieser Dramen beim Publikum die Entstehung eines bürgerlichen Bewußtseins als Voraussetzung für republikanische Gesinnung.

Als junger Anwalt gerät Hippel an ein leichtfertiges Mädchen, das gleich mehrere Liebhaber hat und sich nach dem Bruch rasch mit Kurländern (!) tröstet. »Ich habe ein einziges Mal geliebt«, schreibt er verzweifelt an Scheffner,

> und wenn ich noch daran denke, so schaudert mir die Haut und, nachdem ich mich, wie Sie wissen, so ziemlich über diesen Punkt erholt hatte, fall' ich auf ein Mädchen. O! hätte ich sie nie gesehen! […] Ich denke schon bloß darum nicht glücklich in meinem Leben heirathen zu können. Solch ein Mensch bin ich! und so sehr verdiene ich Mitleiden. Ist es ein Wunder, ein so rasender Mensch wie ich […].[6]

Im Jahr darauf: »Was soll ich sagen? Sie haben doch einmal eine Hochzeit gefeyert, allein ich habe keine Hoffnung, je eine zu feyern. – Hier ist kein Mädchen für mich […]«.[7]

»Scherz und Ernst ist verwebt« (S. 91), sagt Hippel von seiner Schriftstellerei, aber wenn es um die eheliche Treue der Frauen geht, versteht er keinen Spaß. Da ist er ganz Kind seiner Zeit; der Anspruch gleicher Rechte macht vor der Sexualität halt. In diesem Punkt hat er seine Meinung nie geändert.

> Wenn ein Mann ungetreu ist, so ist es unrecht, wenn es aber eine Frau thut, so ist es unnatürlich und gottlos. […] Indessen ist es gewiß, daß einen Mann vorzüglich der Staat und sein reiflich erwogenes und deutlich von sich gegebenes Wort bindet; ein Weib aber bindet die Natur.

Originell ist die Begründung: »Ein Mann kann im Jahr dreyhundert fünf und sechzig Kinder zeugen, und im Schaltjahr noch eins mehr, ein Weibsbild kann nur Eins in dieser Zeit zur Welt bringen.« (S. 39f.) Zweifellos ein triftiges Argument für Preußen, das die Vermehrung seiner Bevölkerung anstrebt. Zeitgenossen berichten, daß der sonst so tolerante Hippel außer sich gerät, wenn in der Königsberger Gesellschaft Fälle von weiblicher Untreue bekannt werden. »Glücklicher Freund an der Seite einer Babet«, schreibt er an Scheffner, »wie stolz können Sie auf solches Ungeziefer herabsehen!«[8]

Ein Jahr vor dem Erscheinen des Ehebuches vertraut sich Hippel diesem Freund an, auf dessen Diskretion hoffend:

> […] ich glaube gewiß, daß ich ein guter Ehemann würde, als es möglich ist zu seyn. Ich würde meiner Frau in allem zuvorkommen, was sie vergnügen könnte, und sie recht sehr lieben. Gern wollte ich gehorsamen, nur das Ansehen müßte sie mir lassen, als ob ich befohlen hätte. […] Kurz, wenn nur eine vernünftige Frau da wäre![9]

Der Neffe bestätigt das positive Frauenbild des Hausherrn; in »reinem Umgang mit gebildeten Frauen sah er seine Verwandten sehr gerne. Er hielt ihn für die beste Schule des Geschmacks und der geselligen Bildung.«[10] Die jungen Verwandten sind nicht verwöhnt; großzügiges Wegschauen und freundlicher, milder Spott werden bereits als Einverständnis gedeutet. Liebe und Zuneigung halten den Patriarchen nicht davon ab, Neffen und Nichten von seiner Polizei bespitzeln zu lassen; er vertraut nicht, sondern kontrolliert. »Seine gute Absicht ließ ihn dies Mittel wählen.«[11] Offensichtlich empfindet Hippel, typisch für seine Zeit, aufgeklärtes Denken und autoritäres Verhalten nicht als Widerspruch.

Die Quintessenz des ersten Ehebuches:

> Wer einem Jüngling zu heirathen abräth, kann seine Ursachen haben, wer ein Mädchen vor der Ehe warnet, ist rasend, denn wenn die Ehen, wie eine alte Mode, abkommen sollten, so würden die Männer nichts, die Weiber hingegen alles verlieren. Vielleicht heißt darum die Ehe *matrimonium* und nicht *patrimonium*. Die Weiber leiden, wie thun? Wir sind, sie werden; wir schaffen, sie sind das Chaos, aus dem alles werden kann. Sie hoffen, wir erfüllen; sie wünschen, wir erhören. Die Weiber haben außerdem Zeit, das Glück und Unglück des Ehestandes zu empfinden; der Mann wird hiedurch gestöhret. (S. 76)

Hippel spricht nur aus, was die Männerwelt in jener Zeit empfindet; doch bald findet sein beweglicher Geist aus diesem Chauvinismus heraus. Im Grunde ein Verehrer der Frauen, genügen doch nur wenige seinen Ansprüchen. So bleibt er Junggeselle, Hagestolz wider Willen; in späteren Jahren äußert er sich allerdings fast erleichtert, kein »Hauskreuz« tragen zu müssen.

Die Kritiker, die gefürchteten »Kunstrichter«, begeistern sich an dem Ehebuch: »[…] ein Mann von seltenen Kenntnissen«, schreibt die *Allgemeine Deutsche Bibliothek* zur zweiten Auflage,

> von einer ausgebreiteten Gelehrsamkeit, ein Meister in der Schreibart (Eigenschaften, welche machen, daß man sein Werk nicht aus den Händen legen kann, bis man es ausgelesen hat, weil es wirklich unter die wenigen vortrefflichen Bücher gehört, die jedem Leser Vergnügen machen und den wenigen Edlen unter den Lesern zum Nachdenken Gelegenheit geben).[12]

Zur vierten Auflage klagt der Rezensent in der *Allgemeinen Literatur-Zeitung*:

> Das strengste Incognito, das der Verf. des berühmten Buchs über die Ehe nunmehr fast zwanzig Jahre lang beobachtet, hat die ungeduldige Neugierde der literärischen Anekdotenkrämer auf das Aeußerste gebracht. Bey Gelegenheit gegenwärtiger neuen Auflage erwachte sie von neuem mit dem größten Ungestüm, und alles wurde zur Befriedigung dieser kindischen Leidenschaft aufgefordert. Alles aber umsonst; man hat dem Vf. sein Geheimniß weder ablauschen, noch abcomplimentiren können.[13]

Selbst der Verleger kennt den Autor nicht. Das Manuskript wird dem ehemaligen Münzdirektor Göschen[14] in Königsberg, einem der Mitwisser, übergeben, der es dem Postmeister in Stolp schickt. Von da gelangt es über Stettin schließlich nach Berlin in die Hände der Voßischen Buchhandlung.[15]

Wie Schlichtegroll betont, ist dieses Buch Hippels zu seiner Zeit am häufigsten gelesen worden. Er traut ihm auch in Zukunft eine weite Verbreitung zu: »es würde allein schon seinen Ruhm auf die Nachwelt bringen.« (SCHL, S. 401)[16]

Über die bürgerliche Verbesserung der Weiber (1792)

Die Frage nach der Rolle der Frau in der Gesellschaft gewinnt gegen Ende des Jahrhunderts an Brisanz. Es geht nicht mehr nur um den »Charakter des Weibes«, das, bei aller Hochschätzung, doch nur für Mann und Familie geschaffen sei: in *Moralischen Wochenschriften*, Damenjournalen und unzähligen Traktaten zeigt sich ein neues Selbstbewußtsein der Frau. Sie entdeckt ihre Fähigkeit, im Spannungsfeld von »Natur« und »Vernunft« ausgleichend zu wirken. In dieser Begabung zur Harmonie fühlt sie sich den Männern überlegen; aus dem erwachenden Selbstwertgefühl entwickelt sich das Streben nach Emanzipation.

Bald nach Ausbruch der Französischen Revolution klagen auch Frauen die Menschen- und Bürgerrechte ein. Die Kurtisane und Schriftstellerin Olympe de Gouges (1748-1793) verbreitet in Paris im September 1791 die *Declarations de la Femme et de la Citoyenne*; darin fordert sie die Vertretung von Frauen in der Nationalversammlung, um den Rechten der Frau Geltung zu verschaffen. Im Jahr darauf erscheint die Abhandlung *A Vindication of the Rights of Women* von Mary Wollstonecraft (1759-1797) in London, die mehrere Auflagen erreicht und ins Deutsche und Französische übersetzt wird. Bildung und Ausbildung sieht Mary Wollstonecraft als Schlüssel zur Befreiung von Unmündigkeit; sie ermuntert die Frauen, »daß sie kräftig werden müssen an Körper und Geist«.[17] Ähnlich argumentiert Amalia Holst in ihrer Schrift *Über die Bestimmung des Weibes zur höhern Geistesbildung* (1802).[18]

Hippels Buch *Über die bürgerliche Verbesserung der Weiber* ist weitaus radikaler als die genannten Schriften. Schon der Titel soll provozieren:

> Man hat in unserer Zeit so sehr die bürgerliche Verbesserung der Juden empfohlen; sollte ein *wirkliches Volk Gottes* (das andere Geschlecht) weniger diese Sorgfalt verdienen als das so *genannte*?
> (S. 25f.)[19]

Die Spitze richtet sich gegen die mit lebhaftem Interesse aufgenommene Schrift von Christian Wilhelm Dohm (1751-1820): *Über die bürgerliche Verbesserung der Juden* (1781/1783). Der in Königsberg bestehende Vorbehalt den Juden gegenüber ist nicht zu überhören; auch Kant äußert Zweifel, ob eine Integration der Juden in die bürgerliche Gesellschaft möglich sei, solange sie ihren religiösen Vorschriften folgen.[20]

Dohm hat wie Hippel zunächst Theologie, dann Jura studiert. In seiner vielseitigen Tätigkeit als Schriftsteller und Publizist verfolgt er das Ziel, durch praktisches Wirken den Menschen- und Bürgerrechten zum Durchbruch zu verhelfen. Nachdem er sich – zusammen mit Moses Mendelssohn – mit der Situation der Juden im Elsaß befaßt hat, ist es sein Anliegen, in der genannten Schrift das Problem einer Emanzipation der Juden in der bürgerlichen Gesellschaft grundsätzlich zu diskutieren. In der neueren Forschung ist umstritten, ob Dohms Forderung nach Emanzipation als Weg zu allmählicher Assimilation zu verstehen sei oder ob der Toleranzanspruch Dohms nicht vielmehr zur Respektierung der religiösen Eigenständigkeit der Juden führen müsse.[21]

Dohms Weg, durch publizistische Tätigkeit politische Ziele zu verwirklichen, zeigt sich in seinem persönlichen Einsatz für religiöse Toleranz in Goslar und Heiligenstadt, später (1798) in Rastatt.

Für Hippel steht die Selbstbestimmung der Frau, zu einer Zeit, »da Menschenrechte laut und auf den Dächern gepredigt« werden, außer Frage. »Alle Menschen haben gleiche Rechte.« (S. 194)

> Die Zeiten sind nicht mehr, um das andere Geschlecht überreden zu können, daß eine Vormundschaft wie bisher für dasselbe zuträglich sey, daß sie seinen Zustand behaglicher und sorgloser mache als eine Emancipation, wodurch es sich mit Verantwortungen, Sorgen, Unruhen und tausend Unbequemlichkeiten des bürgerlichen Lebens belasten würde, die es jetzt kaum dem Namen nach zu kennen das Glück habe. (S. 190)

Das sind neue Töne, die selbst manchen Frauen angst machen. Doch hat Hippel Vorbilder weiblicher Tatkraft und Selbständigkeit. Nicht nur an Katharina II., die er ausdrücklich erwähnt, auch an Elisa von der Recke und die Gräfin Keyserling wird er gedacht haben.

Emanzipation stellt sich ihm als Prozeß dar, für den er sich als Schriftsteller verantwortlich fühlt; er will die Frauen ermuntern, sich ihre Freiheit zu verdienen.

In der weiblichen Bestimmung zur Ehefrau und Mutter und der Eignung zur mündigen »Bürgerin« sieht Hippel keinen Gegensatz, sondern »den großen Beruf der Natur« (S. 67). Deshalb sollten Frauen den Männern auch in allen öffentlichen Belangen gleichberechtigt sein.

Er glaubt an die Möglichkeit einer vernunftbestimmten Gesellschaft und sieht nicht ein, daß Frauen vom »Staatsdienste« ausgeschlossen werden. Der Königsweg zu diesem Ziel ist die Erziehung. Ging es in den *Lebensläufen* um den kindgerechten Unterricht im Sinne der Reformpädagogik, plädiert er in der mehr als zehn Jahre später erschienenen Schrift für eine Erziehung zum mündigen Menschen, zu selbstbestimmten Bürgern beiderlei Geschlechts. Frauen sind – nach dem Plan der »Natur« – die besseren Lehrerinnen, denn

> Weiber verstehen jene Chemie, die man die höhere nennen könnte, Grundsätze in Gefühle aufzulösen und das, was der theoretische Hexenmeister der Philosophie in schweren Worten ausdrückt, zur Leichtigkeit einer Gewohnheit zu bringen. – Weiber haben Sitten, Männer Manieren: diese werden durch Erziehung erworben, […] jene hängen von Herz und Vernunft ab.
> (S. 254f.)

Nach reiflicher Erwägung, wann Mädchen und Jungen gemeinsam oder getrennt unterrichtet werden sollten, kommt er zu dem Schluß:

> Werden Mädchen und Knaben durch gemeinschaftlichen Unterricht zu *Christen* vorbereitet, warum sollen wir sie nicht gemeinschaftlich zu *Bürgern* erziehen? Sollte denen, welchen die erforderliche Anlage zu Himmelsbürgern zugestanden wird, der Beruf zur Staatsbürgerschaft abgesprochen werden? (S. 236)

Konsequent und vorurteilsfrei rechnet Hippel mit dem eigenen Geschlecht ab: Männer sind durch ihr selbstherrliches Verhalten für weibliche Schwächen verantwortlich, andererseits sind sie den Frauen zu Dank verpflichtet.

> Kein Geschlecht hat den mindesten Werth ohne das andere; zusammen genommen machen sie die Menschheit aus. Wir spielen aus *einer* Kasse, und die Natur hat Mann und Weib so zusammen-

gefügt, daß kein Mensch sie scheiden kann. – […] Ohne *Eva* ist *Adam* ein Thier, und *Eva* ohne *Adam* eine Klosterjungfer.

(S. 349f.)

Diese Botschaft löst Empörung aus, bringt Zündstoff in die Lesekabinette. Wieweit darf man den Verfasser ernst nehmen? Handelt es sich um eine Satire gegen unbotmäßige Frauen, wie im *Journal des Luxus und der Moden* des Verlegers Friedrich Justin Bertuch unterstellt wird?[22] Nachdem sich die erste Aufregung gelegt hat, urteilt die *Allgemeine Literatur-Zeitung*:

> Man hat hier und da gegenwärtige Schrift eines ungenannten, sicher aber nicht unbekannten Vf. für eine fortlaufende, ja für eine leicht zu durchschauende Ironie ausgegeben, ohne jedoch Gründe für diese kesse Behauptung anzuführen. Bey einer aufmerksamen und wiederholten Lectüre fand Rec. zwar ein paar Stellen, die auf eine solche Hypothese leiten könnten, allein die Anlage und Ausführung so wie der herrschende Ton des Ganzen, nöthigten ihn endlich, sie als ganz unstatthaft zu verwerfen. Freylich ist in diesem Buche nichts häufiger, als Behauptungen, die so sehr gegen alle Erfahrungen streiten, Paradoxen, die so ungeheuer, Vorschläge, die so ganz unausführbar und schimärisch sind, daß man sie schwer mit den übrigens so hellen Blicken, den Einsichten, der Menschenkenntnis und Beurtheilungskraft des Vf. reimen kann.[23]

Ernst oder Witz? Aus Hippels Biographie, aus dem Fortschreiben des Ehebuches von Auflage zu Auflage, schließlich aus seinen vertraulichen Briefen an Scheffner ist klar ersichtlich, daß ihn das Thema nie losgelassen hat. Es geht ihm nicht um launige Gedankenspiele, rasch hingeworfene Reflexionen zum aktuellen Ereignis der Französischen Revolution, sondern um die Praxis sozialer und politischer Veränderungen.

Hippel ist nicht etwa Jakobiner, sondern haßt den *terreur* und die Entartungen der Revolution.

> Dem Freunde der Denk- und Redefreiheit – in ihren vernünftigen Grenzen – war die französische Revolution ein Greuel. Besonders war ihm die Äußerung Kant's, daß die französische Revolution wiederum ein Experiment sey, das mit dem Menschengeschlecht

gemacht worden, ein Gegenstand seines bittersten Spottes, und er sagte wörtlich an seinem Familientisch: »ein schönes Experimentchen, wo eine Königsfamilie ermordet wird, und die Köpfe der edelsten Menschen zu Tausenden fallen.«

In seinem Zorn auf »reine Theoretiker« äußert er bei aller Achtung vor Kant und Kraus mehrmals in der gleichen kleinen Runde: »Vortreffliche Gelehrte, achtungswerthe Männer, aber nicht fähig, ein Land, ein Dorf, ja nur einen Hühnerstall zu regieren – nicht einen Hühnerstall!«[24]

An seinen Taten soll man ihn erkennen: In seinem Testament verfügt Hippel ein Familienstipendium zu Ausbildungszwecken, das auch seinen Nichten zugute kommt, »das lezte Viertel der Revenuen des Stiftungs Fonds erhalten jährlich zwei weibliche Familien Glieder, welche dem Grade nach am nächsten mit mir verwandt sind.«[25] Noch keine Chancengleichheit im modernen Sinne, doch ist es zu diesem Zeitpunkt eher ungewöhnlich, daß Mädchen ihre Bildungsinteressen nach eigener Wahl verfolgen können. Unter den mehr als hundert Königsberger Stipendien im 18. und frühen 19. Jahrhundert erreicht keines die Frauenförderung des Stadtpräsidenten.[26]

Ein weiteres Argument für die Ernsthaftigkeit seiner Thesen zeigt sich in Hippels langjähriger Mitarbeit am *Preußischen Allgemeinen Landrecht*. Die Entwürfe zu dem neuen Gesetzeswerk werden mit dem Ziel publiziert, kritische Stellungnahmen (»Monita«) von Philosophen sowie Professoren des Rechts und der Philosophie einzuholen; Moses Mendelssohn, August Ludwig von Schlözer und Christian Garve gehören dazu. Auch die Öffentlichkeit ist aufgefordert; Prämien werden ausgesetzt. Hippel kritisiert die letzten vier Entwürfe des Personenrechts so überzeugend, daß er jedesmal eine Auszeichnung erhält; die Berliner Gesetzeskommission bescheinigt ihm »einen vorzüglichen Grad philosophischen Scharfsinns und ächter gründlicher Menschenkenntniß«.[27] Diese vierfache Ehrung ist um so bemerkenswerter, als die Preise gewöhnlich an »Ausländer« gehen. Beim Ehe- und Familienrecht fordert er die Gleichstellung der Geschlechter im Vormundschaftsrecht; nicht nur den direkten weiblichen Verwandten der Kinder, sondern den Frauen überhaupt solle das Vormundschaftsrecht gewährt sein.

*Ludwig Buchhorn: Kupferstich zu »Über die
bürgerliche Verbesserung der Weiber«. Titelblatt.*

Frauenzimmer gehören zum menschlichen Geschlecht, sind in
dieser Qualität in die bürgerliche Gesellschaft als durchaus ohn-
entbehrliche Glieder mit eingetreten, und müßen also mit dem
männlichen Geschlecht überall, wo diese Natur es nicht verbaut,
gleiche Rechte haben.[28]

Hippels Kritik am Vormundschaftsrecht beweist seinen Einsatz für
die bürgerliche Gleichstellung der Frau schon in den Jahren vor der
Französischen Revolution. Konsequent lehnt er ab, Frauen vor den
rechtlichen Folgen ihres Handelns zu schützen; vielmehr tritt er da-

für ein, ihnen die notwendigen Kenntnisse für einen selbständigen Umgang mit Rechtsfragen allgemeinverständlich zu vermitteln.

Die Schrift *Über die bürgerliche Verbesserung der Weiber* unterscheidet sich von den beiden letzten Auflagen des Ehebuches weniger inhaltlich als durch Ton und Komposition. Hier wird nicht heiter geplaudert, sondern ernsthaft argumentiert, der Aufbau wirkt nicht spielerisch assoziativ, sondern folgt einem klaren Plan: Analyse der Unterschiede und Gemeinsamkeiten zwischen »Mann und Weib«, »Rückblicke« für die »ältere« und »neuere Zeit«, »Verbesserungs-Vorschläge«, »Nutzanwendung«.

Im Zusammenhang mit Hippels Arbeiten zum *Allgemeinen Landrecht* gesehen, scheint diese Schrift aus seinen »Monita« erwachsen zu sein und kann wie ein Rechtstraktat betrachtet werden.[29] Dafür spricht auch das Festhalten am Begriff der »Scham«. Er verwendet ihn in seiner anonymen Urteilsschelte zum Fall der Kindsmörderin »von K.« wie auch in der *Bürgerlichen Verbesserung der Weiber*. »Die Schamhaftigkeit ist eine Tugend, die, wenn ich so sagen darf, *in der Ehe lebt* [...]« (S. 156) – »Schamhaftigkeit, diese Tugend, die das andere Geschlecht so herrlich kleidet, mit der, wenn sie verloren ginge, alle Grazien und Reize ihre Kraft verlieren würden; sie, die durch nichts ersetzt wird« (S. 337f.) – beide Schriften sind 1792 erschienen.

»Schamhaftigkeit« und »Emancipation« schließen sich nicht aus; vielmehr gehören sie zusammen. Männer und Frauen sind »Menschen«, für die gleichermaßen die Naturrechte Gleichheit und Freiheit gelten. Aus dieser Voraussetzung ergeben sich für den Staatsvertrag gleiche Rechte und Pflichten – unverzichtbare Grundlagen einer aufgeklärten Gesellschaft.

In diesem Traktat spricht Hippel sein anonymes Schreiben direkt an, nennt auch Gründe, die Respekt verdienen. Als sorgfältig arbeitender Jurist ist er sich der Schwächen seiner Schriften bewußt; ihm ist klar, daß wegen der offiziellen Pflichten seine Texte nicht solide gearbeitet sind; ihm fehlt die Zeit. Er vergleicht seine Situation mit der Kants: dessen Vorlesungen seien die »Goldwaagen seiner Grundsätze« (S. 423) und bräuchten die öffentliche Kritik nicht zu scheuen. Dazu kommen persönliche Gründe: Würde seine Schriftstellerei bekannt, hätte er Neid, Mißgunst, auch Intrigen zu fürchten. »Jeder

Unglücksfall im Dienst wird auf die Rechnung der Autorschaft geschrieben.« Zudem scheut er den Zwang zur Anpassung, »sich in die Zeit schicken« zu müssen (S. 256).

Das entscheidende Argument jedoch ist seine Loyalität gegenüber dem König, die er als gewissenhafter preußischer Beamter nicht aufs Spiel setzen mag:

> FRIEDRICH II., der doch selbst von der Poesie, wie von einem Dämon, gar übel geplagt ward, […] sagte zu einem Staatsdiener […]: *Ich mache Ihn zum **; aber lass' er mir das Schreiben – So etwas stört, und im Amte muß Er sich durch gar nichts stören lassen – hört Er?* Ja! und wer Ohren hat zu hören, der höre!«
> (S. 247f.)

Mit der *bürgerlichen Verbesserung der Weiber* sind die meisten Zeitgenossen überfordert. Auch Scheffner, dem Hippel das Manuskript – wie üblich – zur Durchsicht gegeben hat: »Ich mußte die darin niedergelegten Ansichten verurteilen. Mein Urteil machte ihn verdrießlich«.[30]

Nach Erscheinen des Buches äußert sich Scheffner derart abfällig, daß es zum Streit kommt und Hippel sein Widmungsexemplar zurückfordert. Nicht ohne Rachsucht verspottet Scheffner daraufhin Hippels Einsatz voll »ritterlicher Schwärmerey« und poetischer »Ausdrucks- und Gedanken-Eleganz« für die Sache der Frauen und verrät obendrein dessen Autorengeheimnis.[31] Darüber zerbricht eine dreißigjährige Freundschaft.

Ganz anders Kriminalrath Jensch,[32] der ebenfalls Hippels Arbeiten kennt und an ihnen mitwirkt. Er ist Hippels wichtigster Gesprächspartner und Berater während der Arbeit an der *Bürgerlichen Verbesserung*. Beide Männer sind Junggesellen, was sie nicht hindert, Verehrer der Frauen zu sein und für ihre Emanzipation einzutreten. Abegg berichtet im Anhang seines Reisetagebuchs (20. Juni 1798) von einem Mittagessen bei seinem Bruder, zu dem auch Jensch eingeladen ist. Als im Gespräch die Ansicht geäußert wird, »die bürgerliche Verbesserung der Weiber von Hippel sei eine seiner schlechten Schriften, da die in der Schrift aufgestellten Behauptungen von den Vorzügen der Frauen durchaus unbegründet seien«, äußerte Jensch zur allgemeinen Verwunderung:

Wenn das Buch schlecht ist, so liegt die Schuld an mir, denn ich habe es größtentheils verfertigt. Was seinen Inhalt betrifft, so stehe ich für dessen Richtigkeit ein und behaupte noch heute und werde es immer behaupten, daß kein Mann soweit kommen kann als eine Frau. Die Frauen sind uns in der Naturanlage überlegen. Man setze sie nur in den Stand, sich zu entwickeln. Es ist Barbarei, Grausamkeit, sie von allen Stimmrechten in der bürgerlichen Gesellschaft auszuschließen. Daraus entstehen Nachtheile für die Männer.[33]

Im 18. Jahrhundert nahm man es mit Fragen des Urheberrechts noch nicht so genau. Jensch macht Hippel nicht den Vorwurf eines Plagiats; für den Kriminalrat ist es kein Problem, daß seine Gedanken in welchem Umfang auch immer in Hippels Buch eingegangen sind. Es ist durchaus möglich, daß er sie nur mündlich dargelegt hat.[34] Es geht Jensch nicht um seine Rechte an dem Text, sondern um die Sache der Frauen, die er hier mutig verteidigt.

6. Enttarnungen

> Jeder Mensch, der über sich nachdenket, findet einen Knauel unauflöslicher Räthsel, an die er, ohne unwahr zu werden, sich nicht wagen mag; dieß demüthiget seine Vernunft.

Enttäuscht über die vernichtende Kritik seines Trauerspiels *Willefordt und Amalia* (1768), beschließt Hippel im Alter von 27 Jahren, seine Identität als schriftstellernder Advokat aufzugeben; er wählt die Anonymität.

Die im 18. Jahrhundert verbreitete Praxis gibt ihm Schutz, solange er in seinen ersten Gedichten und Theaterstücken noch unsicher ist, Genugtuung, als nach Erscheinen seiner Schrift *Über die Ehe* die Fachwelt rätselt, ob das Buch von Lichtenberg, wie Lavater glaubt, Herder oder sogar Goethe stamme – auch der junge, ebenfalls anonym schreibende Jean Paul wird in Betracht gezogen. Entscheidend ist jedoch, daß er seine Karriere als Rechtsanwalt, königlicher Beamter und schließlich Stadtpräsident von Königsberg nicht durch seine Schriftstellerei gefährden will.

Wie schon erwähnt, erliegt Hippel der Versuchung anonymen Schreibens, die Leser irrezuführen oder Menschen seiner Umgebung ungeniert, bisweilen boshaft, zu porträtieren. Je höher sein gesellschaftlicher Aufstieg, um so größer ist darum die Angst vor Entdeckung, die ihn schließlich bis in den Schlaf verfolgt. Nur drei Freunde sind eingeweiht: Scheffner, der Kriminalrat Jensch und der Münzmeister Göschen. Hippel bangt um ihre Diskretion.

Als nach und nach die vier Bände der *Lebensläufe* erscheinen und Aufsehen erregen, gerät Hippel in die Rolle des Zauberlehrlings; die Situation ist nicht mehr zu beherrschen. Eine regelrechte Jagd auf den Autor entwickelt sich; Hamann ist auf der richtigen Spur, Buchhändler und Verleger lassen nicht locker. Briefwechsel zeigen eine geradezu detektivische Lust und Energie bei der Jagd auf den »Lebensläufer«. Auch Zeitungen schmeicheln und flehen:

> Nun – du würdiger Liebling unsers Vaterlandes! Nun sprich: Kannst du es vergeblich bitten, vergeblich hoffen lassen, und

doch der Mann seyn? Entscheide selbst zwischen dir und uns!
(*Intelligenzblatt der Allgem. Literatur-Zeitung*, Nr. 21, 11. Februar 1792)

Hippel bringt es nicht über sich, seine Autorschaft zu bekennen, obwohl dies seinem Ansehen zu diesem Zeitpunkt kaum noch geschadet hätte; vielmehr wäre ihm wohl damit späterer Schaden erspart geblieben.

In der gleichen Zeitung (Nr. 50) schreibt er am 21. April 1792:

> Ein Schriftsteller, der in unzertrennlichen Amtsverbindungen mit nicht gleich denkenden Menschen stehet, hat zur Vermeidung unzähliger Misverständnisse auf das Recht, anonymisch zu bleiben, gegründete Ansprüche und besonders alsdenn, wenn durch die Anzeige seines Namens seine häusliche Ruhe in Gefahr ist, ohne daß irgend Jemand dabey gewinnen kann. Wenn dies mein Fall wäre? – Man lasse doch jedem so viel natürliche Freyheit, als die bürgerlichen Verbindungen es gestatten, und leiste nicht mittelbaren oder unmittelbaren Vorschub, Zwang und Druck zu befördern.
>
> Der Verfasser der Lebensläufe in aufsteigender Linie.

Das Rätseln hört nicht auf. Gibt es einen Zusammenhang zwischen dem Ehebuch und den *Lebensläufen*? Auch Jean Paul wittert mit feinem Sprachgefühl die Spur; Herder dagegen traut dem ungeliebten Hippel diese Schriften nicht zu. Man fragt sich, ob am Ende mehrere Autoren mitgewirkt haben, ob sich etwa Kant mit dem *Dekangespräch* und weiteren philosophischen Reflexionen an den *Lebensläufen* beteiligt habe.

Diesem Verdacht tritt Hippel entschieden entgegen. In einer Nachschrift zum oben zitierten Text betont er, »daß die Lebensläufe nur Einen einzigen Verfasser haben. Sollte das sich nicht von selbst verstehen, wenn man dies Buch wirklich gelesen hat?«

Hippels »Gespensterfurcht«[1] vor der Aufdeckung seiner anonymen Schriftstellerei ist begründet. Zwar kommt das Wagnis verschiedener Identitäten seiner Natur entgegen, doch läßt es sich auf Dauer nicht durchhalten. Mißliche Folgen sind abzusehen. Als gegen Ende seines Lebens Scheffner das Geheimnis preisgibt, reagieren die Freunde verletzt, denn Hippel hat sie nicht eingeweiht. Die Königsberger Gesellschaft fühlt sich an der Nase herumgeführt; Neid und persönlicher Ärger mischen sich in die allgemeine Empörung.

Als nach Hippels Tod (23. April 1796) auch noch der Nachlaß mit unzähligen kompromittierenden »Tagesdenkzeddeln« vorliegt, scheinen öffentliche Anerkennung, Ruhm, die ersehnte Unsterblichkeit im Bewußtsein der Nachgeborenen, für die Hippel gelebt und gearbeitet hat, endgültig verspielt.[2]

Doch gibt es auch loyale Freunde, nicht zuletzt Immanuel Kant, der schließlich der allgemeinen Gehässigkeit und Verwirrung ein würdiges Ende setzt. So schreibt auch er im *Intelligenzblatt der Allgemeinen Literatur-Zeitung* (Nr. 9, 21. Januar 1797):

Erklärung.
Wegen der v. Hippelschen Autorschaft
Oeffentlich aufgefordert [...] wegen der Zumuthung; ich sey der Verfasser der Anonymischen, dem sel. v. Hippel zugeschriebenen Werke, des Buches Über die Ehe und der Lebensläufe in aufsteigender Linie, erkläre ich hiemit:
»daß ich nicht der Verfasser derselben, weder allein, noch in Gemeinschaft mit ihm, sey«.
Wie es aber, ohne hiezu ein Plagiat annehmen zu dürfen, zugegangen: daß doch in diesen ihm zugeschriebenen Werken so manche Stellen buchstäblich mit denen übereinkommen, die viel später in meinen auf die Crit. d. r. Vern. folgenden Schriften als meine eigenen Gedanken noch zu seiner Lebenszeit vorgetragen werden können; das läßt sich, auch ohne jene den sel. Mann beleidigenden und auch ohne eine meine Ansprüche schmälernde Hypothese, gar wohl begreiflich machen.
Sie sind nach und nach fragmentarisch in die Hefte meiner Zuhörer geflossen, mit Hinsicht, von meiner Seite, auf ein System, was ich in meinem Kopfe trug; aber nur allzuerst in dem Zeitraume von 1770 bis 1780 zu Stande bringen konnte. – Diese Hefte [...] fielen in des sel. Mannes Hände und wurden in der Folge von ihm gesucht, weil sie großentheils neben dem trockenen Wissenschaftlichen auch manches Populäre enthielten, was

der aufgeweckte Mann in seine launigte Schriften mischen konnte, und so, durch die Zuthat des Nachgedachten, dem Gerichte des Witzes einen schärferen Geschmack zu geben die Absicht haben mochte.

Nun kann, was in Vorlesungen, als öffentlich zu Kauf gestellte Waare, feil steht, von einem jeden benutzt werden; ohne sich deshalb nach dem Fabrikanten erkundigen zu dürfen, und so konnte mein Freund, der sich nie mit Philosophie sonderlich befaßt hat, jene ihm in die Hände gekommenen Materialien, gleichsam zur Würze für den Gaumen seiner Leser, brauchen, ohne diesen Rechenschaft geben zu dürfen, ob sie aus des Nachbars Garten, oder aus Indien, oder aus seinem eigenen genommen wären. – Daraus ist auch erklärlich; wie dieser mein vertrauter Freund in unserm engen Umgange doch über seine Schriftstellerey in jenen Büchern nie ein Wort fallen lassen, ich selber aber aus gewöhnlicher Delikatesse ihn nie auf diese Materie habe bringen mögen.

So löst sich das Räthsel auf und einem jeden wird das Seine zu Theil.

Königsberg, den 6 ten Dec. 1796.

Immanuel Kant

Zwei Jahre später wird Hippels Bild von neuem verdunkelt. Die abfälligen Zeugnisse ehemaliger Freunde hält Abegg in seinem Tagebuch fest; sie finden im *Nekrolog* Schlichtegrolls ihren Niederschlag.

Die Freiheit des Spiels, aber auch die Angst, vom Seil zu stürzen, bestimmen Leben und Werk. Hippel der berechnende »Verstellungskünstler«, das auf den eigenen Vorteil bedachte »Chamäleon«, der unberechenbare Freund, der die »Seitenthüren« seines selbsterrichteten Theaters wahrzunehmen weiß – er ist auch Kirchgänger und Gottsucher, der Büßer mit der empfindsamen Seele. Entspannung findet Hippel in der Kirche, besonders im Singen von Chorälen; bereits am Samstagabend läßt er sich vom Glöckner die Lieder für den kommenden Gottesdienst nennen, um sie in Ruhe am Klavier zu probieren, dies am liebsten im Kreis seiner Familie. Hier finden regelmäßige Andachten statt, über die der Neffe schreibt:

Die That aber war, daß tiefe Religiösität sein ganzes Gefühl belebte. Wenn er sich diesem hingab – nicht selten mit und bei seinem Bruder, in dessen Zimmer ein großer Flügel alter Art aufgestellt war – mit der ganzen Innigkeit seiner Seele, wenn er hier über die Religion Jesu redete, über die Nichtigkeit des Erdenlebens, über die Fortdauer nach dem Tode, so riß seine Begeisterung Alle mit sich fort.[3]

In seinem Stadthaus hält das Familienoberhaupt regelmäßige Lesestunden ab, zu denen die in Königsberg lebenden Neffen und Nichten eingeladen sind. Wegen seines Augenleidens läßt Hippel sich von ihnen vorlesen, nicht ohne sie in dieser Kunst zu üben; auf das »richtige, einfache Lesen der Dichter« kommt es ihm an.

Man versammelte sich um sechs Uhr. Mit Dramen von Lessing ward der Anfang gemacht. Der Oheim führte den Vorsitz, horchte auf den Ton jeder Sylbe, tadelte, oft unaussprechlich bitter, verbesserte, lobte, dies jedoch nur selten […][4]

Bei aller Liebe und Anhänglichkeit findet Hippel nicht immer den rechten Ton mit der nächsten Generation. Ein Jahr vor seinem Tod verläßt der Neffe das Haus – er kann das drakonische Regiment des Onkels nicht länger ertragen. Die Schilderung des endgültigen Abschieds zeigt, wie sehr sich Hippel selbst im Wege steht, wenn er durch Härte und »Reizbarkeit« die Menschen verprellt, denen er von Herzen zugetan ist. Beim letzten Mittagessen – nur noch eine Nichte ist dabei – übergibt er dem Neffen als Orientierungshilfe für sein Leben die Briefe seiner Mutter und versucht, »tiefe Rührung« zu unterdrücken.[5]

Trotz seines autoritären Stils, seiner nicht zu bestreitenden Eitelkeit, sich im Andenken der Verwandten ein Denkmal zu setzen – die Familie scheint ihm Ruhe und ein Gefühl der Geborgenheit zu geben. Ein Zeugnis dafür, wichtiger als Adelserhebung, Stipendien und Testament, sind

Hippel's Worte zur Eröffnung der Lesestunden
der Reihenfolge nach von einem andern der Anwesenden vorgelesen.

> Da sind wir nun wieder einmüthig bei einander ein Seelenmahl zu halten, dem Geiste zu geben, was des Geistes, und dem Herzen, was des Herzens ist. Unser Vorsatz ist, durchs Lesen den Sinn und die Kraft guter Schriften tief uns einzudrücken, unsere Empfindungen zum Besten guter Entschlüsse aufzuregen, und uns vom Gefühl des Wahren und Guten zum Wollen, und vom Wollen zum Thun und Vollbringen zu befördern. Eine feierliche Stunde [...]
> Ach! wie viele edle und gute Männer starben, und ihr Andenken mit ihnen! So nicht mit uns! Wenn auch die Welt unser vergessen wollte, der Geist unsers Namens ruh auf unserer Geschlechtsnachwelt, und da das vorzüglichste Glück dieses Lebens in Harmonie der Gesinnungen und in jener patriarchalischen Denkart (wo unter Verwandten nur ein Herz und eine Seele war), – sich sanft und selig auflöst, wohlan, so sey unser Segen: liebt euch unter einander, und unsere Zuversicht: Gott wird mit uns seyn.
> (SW XII, S. 220f.)

Es läßt sich leicht vorstellen, welche Pein diese verordneten Lesestunden für die jungen Verwandten darstellen. Ritualisiert und im Stil einer Andacht gehalten, dazu noch unterbrochen durch die unbarmherzige Kritik des Onkels, sind sie wohl kaum dazu angetan, Freude an der Literatur zu wecken und die gewünschten Wirkungen auf das »Wollen« und »Vollbringen« zu erzielen. Ob die »patriarchalische Denkart« mehr als Respekt bewirken kann, darf ebenfalls bezweifelt werden. Doch sind diese Umgangsformen unter Verwandten bis in das 19. Jahrhundert hinein durchaus üblich, und es ist schwer abzuschätzen, wieweit die persönliche Ausstrahlung von Wärme, wenn nicht gar Güte, die steifen Formen relativiert.

Unverbindlich und elegant ist dieses Leben, doch an dem Unbestimmbaren, Krankheit und Tod, findet das Rollenspiel seine Grenze. Hier ist Hippel auf das eigene Selbst angewiesen. Er ist sich selber unheimlich, ein »Räthsel«. Als öffentliche Person plant und lenkt er sein Leben und das seiner Mitmenschen bis in Einzelheiten. Zeit ist ihm der kostbarste Wert; er glaubt, auch über sie bestimmen zu können. Er setzt sein Leben auf siebzig Jahre an und muß erleben, daß die Rechnung nicht aufgeht. Die Hybris einer allmächtigen Kontrolle findet ihre Entsprechung in der Angst vor dem Ungewissen. Hippel versucht, sich mit dem Tod zu »familiarisieren« – auf dem künstlichen Friedhof in seinem Garten, in der Schilderung des »Sterbegrafen«, in seinen Geistlichen Liedern, im Freimaurerroman – doch es gelingt nicht. Als er sein Leben schwinden fühlt, trifft er keine Maßnahmen zum Ordnen seiner Hinterlassenschaft. Dabei weiß er, wie es um ihn steht, so daß er zu Scheffner äußert: »Ach, nur noch einige Wochen leben – Sie wissen nicht, welchen Werth das Leben […] hat, wenn es zur Neige geht.«[6] Dieser Tod führt Hippels Lebensmodell ad absurdum: das komplizierte System der Täuschungen ist enttarnt, Hoffnungen auf Ruhm und Ehre erfüllen sich nicht.

> Sein beträchtliches Vermögen ward größtentheils […] auf den Güter-Ankauf für seinen Brudersohn verwandt […]. Seine andern so bestimmten Plane in Absicht auf seinen Nachlaß wurden nicht ausgeführt, und als wenn das Schicksal den Contrast, der so mannichfaltig in seinem Leben sich zeigte, auch nach seinem Tode fortsetzen wollte, geschah vielmehr davon das gerade Gegentheil. Der größte Lobpreiser der Ehe, lebte nicht in der Ehe; der Verfasser des Mannes nach der Uhr ging immer ohne Uhr, und der das Geld liebte, größtentheils ohne Geld; der rund um sich Embleme des Todes gesammelt hatte, und so oft von ihm sprach und schrieb, fürchtete den Tod; der sein Leben abgeschmackt fand, mochte es nicht verlassen. (SCHL, S. 367)

Hippel ist ohne die Königsberger Welt nicht zu denken. Die begrenzte Region gibt seinem Ehrgeiz, seinem rastlosen Streben einen Rahmen, den er als Stadtpräsident erfolgreich ausfüllen kann. Mehr darf nicht sein; die zusätzliche Aufgabe in Danzig übersteigt seine Kräfte. Auch als Schriftsteller gewinnt er Kraft aus dem *genius loci*; die geschlossene, übersichtliche Stadt mit ihrer Offenheit zu den baltischen Ländern und zu Rußland ist ihm gemäß. Hippel rechtfertigt sein anonymes Schreiben mit plausiblen Gründen, doch betrachtet er es auch als geheimes Laster: es erspart ihm den Mut vor Fürstenthronen, verführt ihn zu haltloser »Schwärmerey«, fördert seine Neigung, nach Belieben mit Menschen zu spielen. Einsamkeit, Unruhe und Ängste sind die Folgen dieser Entscheidung. Andererseits kommt die geheime Schriftstellerei seinem Charakter entgegen; als verschlossener Einzelgänger mit einem empfindsamen Gemüt kann er sich auf diese Weise in ein Schneckenhaus zurückziehen.

Mit der »Hypochondrie« steht Hippel im Königsberger Raum nicht allein; pietistisch gefärbte Schwermut bestimmt dort von je her das geistige Klima. Literatur und religiöse Fragen sind eng verflochten, wie der Austausch mit Hamann und Lindner über Glauben, Sterben und Tod deutlich macht. Auch darin liegt Begrenzung. Hippel zeigt kein Bedürfnis, sich aus der Enge dieser geistigen Welt zu befreien; vielmehr stellt er in den *Lebensläufen* die Mutter Alexanders in ihrer pietistischen Versponnenheit als persönliches Ideal dar. Die Bedürfnisse des Herzens stehen neben dem Mut zu reiner Vernunft; »dem Geiste zu geben, was des Geistes, und dem Herzen, was des Herzens ist«, heißt es in den Worten zur Eröffnung der Lesestunden. »Was hilft die reine Vernunft, wenn das Herz nicht rein ist?« (LL III, 120).

Das befreiende Denken der Aufklärung ist eine Sache, die Gestaltung des Lebens eine andere. Individuelle Freiheit ist noch nicht gegeben; auch Kant unterwirft sich Einschränkungen. Das Individuum verbirgt sich hinter Masken und Stilisierungen. Die Frage nach Glaubwürdigkeit, nach der Integrität einer Persönlichkeit bleibt einer späteren Zeit vorbehalten.

Hippel wie auch Knigge gehören zu den herausragenden Persönlichkeiten des gesellschaftlichen und politischen Umbruchs, die sich in ihrem offiziellen Verhalten noch dem aufgeklärten Absolutismus verpflichtet fühlen, deren geistiger Horizont jedoch längst offen ist für den irrationalen Individualismus des *Sturm und Drang*, für die politischen Ideale der Französischen Revolution. Um diese Gegensätze leben zu können, bedarf es der Freimaurerlogen, der anonymen Schriftstellerei, der erprobten Rollenspiele.

Wenn Hippel ein humoristischer Mensch gewesen ist, so haben die notwendigen Rituale und diplomatischen Verstellungen mit Sicherheit auf seinen Charakter zurückgewirkt. Rigidität, auch Härte haben den wenigen Zeugnissen nach sein Verhalten jedenfalls in späteren Jahren bestimmt. Das verkrampfte Beharren auf der anonymen Schriftstellerei wie auch der ungeordnete Nachlaß brachten

Gedenktafel in der Albertina. Bas-Relief, vermutlich nach einem Kupferstich von Johann Friedrich Bolt.

ihn um Ehre und Ruhm. Dennoch ist er unvergessen. Selbst das russische Kaliningrad hat sein Porträt in die Universität gehängt; auch im Kant-Museum im Turm des Doms findet sich in einer stillen Ecke die Reproduktion eines Kupferstichs.[7] Der Schriftsteller gilt unter Kennern als Geheimtip; wer geistreiche Literatur liebt, sollte ihn lesen.

Anmerkungen

Einführung

1 Diese in der Forschung durch Ferdinand Josef Schneider vertretene Version von Hippels unglücklicher Liebe gibt Rätsel auf, weil das Mädchen höchstens acht Jahre alt gewesen sein könnte. Ihr folgt auch Joseph Kohnen, *Theodor Gottlieb von Hippel. Eine zentrale Persönlichkeit der Königsberger Geistesgeschichte.* Biographie und Bibliographie, Lüneburg 1987 (= Kohnen, *Biographie*), S. 47ff. Kritisch dazu: Anke Lindemann-Stark, *Leben und Lebensläufe des Theodor Gottlieb von Hippel*, St. Ingbert 2001 (= LUL), S. 116ff. Allerdings sprechen Anspielungen in Hippels Traktat *Über die Ehe* (1774) dafür, daß Hippel aus Standesgründen abgewiesen wurde (Kap. 5).
2 LUL, S. 141.
3 Es ist nicht klar, wie Hippel zu so großem Reichtum kam. Er hinterließ ein Vermögen von mehr als 120 000 Reichstalern (nach heutigen Verhältnissen etwa 60 Jahresgehälter eines Beamten im höheren Dienst). Vgl. LUL, S. 153f.
4 Theodor Gottlieb von Hippel, *Biographie. Zum Theil von ihm selbst verfaßt.* Reprographischer Druck der Ausgabe Gotha 1801, Hildesheim 1977. Grundlage der Neuauflage: Friedrich von Schlichtegroll, *Biographie des Königlich Preußischen Geheimen Kriegsrathes zu Königsberg Theodor Gottlieb von Hippel, zum Theil von ihm selbst verfaßt*, Gotha 1801 (= SCHL). Schlichtegroll (1765-1822) seit 1808: von Schlichtegroll. Gymnasialprofessor mit Vorliebe für biographische Darstellungen. Von 1790 bis 1806 Herausgeber des Nekrologs; die meisten Artikel sind von ihm selbst geschrieben.
5 Theodor Gottlieb von Hippel d.J. (1775-1843).
6 Hippels Manuskript wurde von Schlichtegroll bearbeitet und verändert; Elemente des »Psychologisch Bekenntnishaften« (Peterken) wurden als störend empfunden. Das Original gelangte später zum Nachlaßverwalter Th. G. v. Hippel d.J. und wurde dem Band SW XII beigefügt. Auch dieser Text erfuhr Änderungen.
7 *Theodor Gottlieb von Hippel's sämmtliche Werke*, Bd. XII: *Hippel's Leben*, Berlin 1835 (= SW XII).
8 SW XIII und XIV. Der letzte Teil der Briefe ist verloren.
9 SW XIII, Vorwort, S. IX. Scheffner spielte die Bedeutung dieser Briefe herunter: »unleserliches Bruchstück«. Doch gelangten sie noch vor seinem Tod in die Hände des Herausgebers, sorgfältig geordnet, obgleich Hippel immer wieder um Verbrennung dieser sehr persönlichen Klagen und Be-

kenntnisse gebeten hatte. Scheffner dagegen hatte seine Briefe an Hippel nach dessen Tod zurückgefordert und vernichtet.
10 Die Tragödie *Willefordt und Amalia* (1768).
11 Kurland (Hauptstadt Mitau) und Livland (Hauptstadt Riga) bilden das heutige Lettland.

1. »Lebensläufe«

1 Theodor Gottlieb von Hippel, *Lebensläufe nach aufsteigender Linie nebst Beylagen A, B, C*, Berlin 1778-81 (= LL), Bd. I, S. 389. Zitiert wird nach der Erstausgabe von 1778-81, die Kupferstiche von Daniel Chodowiecki enthält. Der dritte Band hat 2 Teile; übliche Zitierweise: Bd. III und Bd. IV.
2 SCHL, S. 323.
3 *Über die bürgerliche Verbesserung der Weiber*, Berlin 1792, S. 295ff.
4 SW XII, S. 272f.
5 SCHL, S. 232.
6 SW XIV, 20. 4. 1781.
7 SCHL, S. 229.
8 Paul Peterken, *Gesellschaftliche und fiktionale Identität. Eine Studie zu Theodor Gottlieb von Hippels Roman »Lebensläufe nach aufsteigender Linie nebst Beilagen A, B, C«*, Stuttgart 1981, S. 54.
9 Vgl. Peter Michelsen, *Laurence Sterne und der deutsche Roman des 18. Jahrhunderts*, Göttingen 1962, S. 289f.
10 SCHL, S. 233.
11 Michelsen (wie Anm. 9, S. 277) spricht von der »Unform« des Romans.
12 Jean Paul, *Vorschule der Ästhetik*. In: *Werke*. Abt. 1, Bd. 5, München 1963, S. 127.
13 Anmerkung Schlichtegroll: »So hatte ich schon hingeschrieben, als ich folgendes erfahre: Da Hippel die unsichtbare Loge gelesen hatte, gab er sie seinem Freunde S. mit den Worten zurück: ›Er ist entweder mein Sohn, oder wir sind Brüder in der Schriftstellerey!‹« (SCHL, S. 15).
14 *Siebenkäs*. In: Jean Paul, *Werke*, Abt. 1, Bd. 2, München 1959, S. 42.
15 Vgl. Walter Höllerer, *Nachwort*. In: Jean Paul, *Werke*, Abt. 1, Bd. 6, München 1963, S. 1333-1341.
16 Jacob Grimm und Wilhelm Grimm: Artikel »Humorist«. In: *Deutsches Wörterbuch*, Bd. 10, Leipzig 1877 (Neudruck: München 1999).
17 Ferdinand Josef Schneider nahm diese Feststellung Schlichtegrolls zu wörtlich und betrachtete den Roman als biographische Quelle. Die Ergebnisse seiner Versuche zur Entschlüsselung führten häufig in die Irre. Vgl. dazu LUL, S. 314-318. S. auch Einführung, Anm. 1.
18 Vgl. Peterken (wie Anm. 8), S. 36.
19 Vgl. Kap. 5.

20 Sein Buch *Robinson der Jüngere. Ein Lesebuch für Kinder* beschreibt diese Methode. Campe verändert Daniel Defoes Roman *Robinson Crusoe* (London 1719), indem er ihn für die Jugend bearbeitet. Im Vorbericht zur ersten Auflage (1779) nennt er seine Ziele: angenehme Unterhaltung, die Vermittlung von »Grundkenntnissen aller Art« aus dem häuslichen Leben und aus der Natur, »recht viele Gelegenheiten zu sittlichen, dem Verstande und dem Herzen der Kinder angemessenen Anmerkungen«.
21 Kants Diener hieß Lampe.
22 *Johann Friedrich Abeggs Reise zu deutschen Dichtern und Gelehrten im Jahre 1798*. Nach Tagebuchblättern mitgeteilt von Heinrich Deiter in Hannover. Darin: *Theodor Gottlieb v. Hippel im Urteile seiner Zeitgenossen*. In: *Euphorion* 17 (1910), S. 312. Vgl. Johann Friedrich Abegg, *Reisetagebuch von 1798*, hrsg. von Walter und Jolanda Abegg, in Zusammenarbeit mit Zwi Batscha, Frankfurt/M. 1976.
23 LUL, S. 213.
24 SW XII, S. 276.
25 Michelsen (wie Anm. 9), S. 300f.
26 Die Friedhofsthematik kam aus England. Die *Nachtgedanken* von Edward Young und die *Kirchhofselegie* von Thomas Gray waren von großer Wirkung auf die Literatur der Empfindsamkeit.
27 SW XIV, 24. 4. 77.
28 Michelsen (wie Anm. 9), S. 299.
29 Karl Philipp Moritz (1756-1793). Als Lehrer am Gymnasium zum Grauen Kloster in Berlin gab er ab 1783 das *Magazin für Erfahrungsseelenkunde* heraus.
30 Vgl. Walter Höllerer, *Nachwort* (wie Anm. 15), S. 1341.
31 »Durch den Mund dieses grotesken gräflichen Todesobservators spricht Michel de Montaigne.« Auch der französische Skeptiker hat die eisige Ruhe erstrebt, die dem Tod seinen Schrecken nimmt. Während er »stoische Trostgründe« sucht, geht es Hippel um »pietistische Gelassenheit«. Ferdinand Josef Schneider, *Hippel als Schüler Montaignes, Hamanns und Herders*. In: *Euphorion* 23 (1921), S. 23-33, S. 28f.
32 Vgl. Fritz Werner, *Das Todesproblem in den Werken Th. G. v. Hippels*, Halle 1938, S. 32.
33 »Lessing, der sie alle übertraf, und der zugleich [...] Hippels *Lebensläufe* verehrte«. In: *Kleine Nachschule zur ästhetischen Vorschule* (wie Anm. 12), S. 506.
34 Bd. 41, Theil II, Berlin u. Stettin 1780, S. 468f. Die Anonymität auskostend, veröffentlichte Hippel die ersten beiden Bände seines Romans mit den Untertiteln *Meines Lebenslaufs erster Theil* (1778) und *Meines Lebenslaufs zweyter Theil* (1779).
35 Theodor Mundt. In: *Kritische Wälder*. Zit. nach Peterken (wie Anm. 8), S. 19.
36 In: *Handbuch der Geschichte der poetischen National-Literatur der Deutschen*, Leipzig ²1842, S. 363f.
37 Vgl. Höllerer, *Nachwort* (wie Anm.15), S. 1341.

38 *Hippel's Lebensläufe. Eine baltische Geschichte aus dem vorigen Jahrhundert für die Gegenwart bearbeitet von Alexander von Oettingen.* Jubelausgabe in drei Büchern, Leipzig 1878, Vorwort S. 17.
39 Hyperion-Verlag, Berlin o.J.
40 Vgl. Michelsen (wie Anm. 9), S. 295ff.
41 Genaue Selbstbeobachtung, wie Minchen sie betreibt, ist ein Merkmal pietistischen Verhaltens (vgl. Karl Philipp Moritz, *Anton Reiser*).

2. Hippel über sich

1 Wilhelm Gottlieb Keber, *Nachrichten und Bemerkungen den Geh. Kriegsrath v. Hippel betreffend*, Königsberg 1802, S. 11f. (= Kleber)
2 Du hast in dir, wonach du strebst.
3 Gotthold Ephraim Lessing: Brief an Justina Salome Lessing. 20. Januar 1749. In: *Sämtliche Schriften*, hg. von Karl Lachmann; dritte, auf's neue durchgesehene und vermehrte Auflage, besorgt durch Franz Muncker, 23 Bde., Stuttgart, (Bd. 12ff.:) Leipzig, (Bd. 22f.:) Berlin und Leipzig 1886-1924. Neudruck: Berlin 1968, Bd. XVII, S. 7. Voltigieren heißt hier: Turnen am Holzpferd.
4 Ein Hinweis darauf, daß die *Lebensläufe* kaum als biographische Quelle taugen.
5 Die Überprüfung der Lebensdaten macht deutlich, daß Keber die Eltern Hippels nicht gekannt haben kann: er wurde 1764 – zwei Jahre nach dem Tod von Hippels Vater – geboren und war 11 oder 12 Jahre alt, als Hippels Mutter starb. Vgl. LUL, S. 31f.
6 Keber, S. 14.
7 Ebd., S. 22f.
8 Ebd., S. 42ff.
9 Vgl. LUL, S. 32.
10 SW XII, S. 284f.
11 SW XIII, Nr. 43, o.D.
12 SW XIII, Nr. 27, o.D.
13 Anmerkung Schlichtegroll: »Er gehört zu den deutschen Improvisatoren […]. Übrigens war er ein Sonderling im allerhöchsten Grade, dabey aber ein rechtschaffener Mann« (SCHL, S. 338). Weiteres zu Lauson s. Kap. 3.
14 Zit. nach Fritz Gause, *Die Geschichte der Stadt Königsberg in Preußen*, Bd. II, Köln/Graz 1968, S. 259.
15 Ironie der Geschichte: Scheffner ist heute (2003) der Wiederaufbau des Königsberger Doms zu verdanken. Breschnew wollte Anfang der 70er Jahre den »faulen Zahn«, die Domruine, sprengen lassen, doch das Grabmal Kants, den die Sowjets als philosophischen Wegbereiter von Karl Marx verehrten, ließ das nicht zu.
16 SW XIV, Nr. 139.

17 SW XII, S. 229ff. Abgedruckt sind drei Briefe von Hippel an Arndt, sieben von Arndt an Hippel.
18 SW XII, S. 211.

3. Genius loci

1 Immanuel Kant, Vorrede zur *Anthropologie* (1798).
2 Kasimir Lawrynowicz, *Albertina*, Berlin 1999, S. 183.
3 Damit wurde er König Friedrich I. von Preußen und war damit gleichberechtigt mit den europäischen Königen.
4 An Voltaire: »Ich reise nach Preußen, um dort die Huldigung entgegenzunehmen, ohne die heilige Ölflasche und ohne unnütze und nichtige Zeremonien, die die Unwissenheit eingeführt hat und der Brauch begünstigt.« Zit. nach Gause (wie Anm. 14, Kap. 2), S. 132.
5 Gause (wie Anm. 14, Kap. 2), S. 148.
6 Das Herzogtum Preußen wurde auf dem Wege der Erbfolge der Herrschaft der brandenburgischen Kurfürsten unterstellt und so Teil des vereinigten brandenburgisch-preußischen Staates. Die Lehnsabhängigkeit Preußens von Polen wurde 1657 endgültig aufgehoben. Vgl. Lawrynowicz (wie Anm. 2), S. 79f.
7 Karl Rosenkranz, *Königsberger Skizzen*, Danzig 1842, S. XXVI.
8 Gause (wie Anm. 14, Kap. 2), S. 235.
9 Der Wallenrodtschen Bibliothek im Dom stand eine Familienstiftung von jährlich 11 000 Mark zur Verfügung. Vgl. Gause (wie Anm. 14, Kap. 2), S. 242.
10 (1756-1823). Historische Werke: *Handbuch der Geschichte und Erdbeschreibung Preußens* (1784), *Geschichte Preußens* (1792-1800).
11 Ackermann (1710-1771) hatte 1753 ein Privileg als Theaterunternehmer erhalten und spielte abwechselnd in Königsberg und Danzig.
12 Johann Friedrich Reichardt, *Der lustige Passagier. Erinnerungen eines Musikers und Literaten*, hrsg. von Walter Salmen, Berlin 2002.
13 Vorrede zur *Anthropologie* (1798).
14 Kohnen urteilt zu sehr von Westdeutschland her, wenn er schreibt: »Noch die tonangebenden Figuren der Kant-Zeit haben unter dieser bedrückenden Verfassung gelitten. Diejenigen, die nicht vom Ort lassen konnten – wie ein uneingestandener Fluch hat es auf fast allen gelastet – nahmen es weiterhin ergeben hin und versuchten mit der ererbten gesellschaftlichen und kulturellen Selbstbeschränkung, [...] ihr isoliertes Dasein sinnvoll zu gestalten.« Joseph Kohnen, *Königsberger um Kant*, Berlin 1993, S. 144.
15 Abegg notierte (nach einem Bericht von Deutsch): »Er war überaus munter, trank gern Wein und erzählte in ganz lustiger Weise, wie er einmal das Loch in die Magistergasse nicht habe finden können.« Vgl. Deiter (wie Anm. 22, Kap. 1), S. 64.

16 Reinhold Bernhard Jachmann, *Immanuel Kant geschildert in Briefen an einen Freund von Reinhold Bernhard Jachmann.* In: *Immanuel Kant. Die Biographien von L. E. Borowski, R. B. Jachmann, und A. Ch. Wasianski.* Reprographischer Neudruck der von Felix Gross herausgegebenen Ausgabe Berlin 1912; Darmstadt 1968. Zit. nach: Rudolf Malter, *Kants Tischgesellschaft nach dem Bericht von Johann Friedrich Abegg.* In: *Wolfenbütteler Studien zur Aufklärung,* hrsg. von der Lessing-Akademie, Bd. 16: *Zentren der Aufklärung II. Königsberg und Riga,* hrsg. von Heinz Ischreydt, Tübingen 1995, S. 143-167, S. 158.
17 Kraus (1753-1807) ist ein Beispiel dafür, wie Kant sich begabter Studenten annahm. Er verschaffte ihm eine gutdotierte Erzieherstelle und 1782 die Professur für praktische Philosophie und Kameralwissenschaften, von der aus er eine bedeutende Staatstheorie nach englischem Vorbild entwickelte. Auch Friedrich v. Gentz ist von Kant gefördert worden. Vgl. Gause (wie Anm. 14, Kap. 2), S. 255.
18 Ernst Ludwig Borowski (1740-1831) hatte ebenfalls durch Kant eine Hofmeisterstelle erhalten. 1752 wurde er Pfarrer an der Neuroßgärter Kirche. Er schrieb die erste Kant-Biographie (von diesem noch durchgesehen). Später wurde er der einzige protestantische Erzbischof. Vgl. Gause, ebd., S. 257.
19 SW XII, S. 35.
20 Vgl. Gause (wie Anm. 14, Kap. 2), S. 264.
21 SW XII, S. 282.
22 Hamann kam durch eigene Nachforschungen hinter Hippels Geheimnis, ging jedoch diskret damit um. Vgl. Peterken (wie Anm. 8, Kap. 1), S. 168f.
23 Ein Lexikon preußischer Provinzialwörter.
24 Vgl. Kohnen (wie Anm. 14), S. 133ff.
25 Gotthold Ephraim Lessing: Rezensionen 1753. 36. Stück. 24. 3. In: *Werke und Briefe,* in Zusammenarbeit mit Klaus Bohnen u.a. hrsg. von Wilfried Barner, 12 Bde., Frankfurt/M. 1985ff., Bd. 2 (hrsg. von Jürgen Stenzel), 1998, S. 494f.
26 Ein Kreis von Dichtern und Musikern, aber auch Theologen, Juristen und Beamten pflegte sich um die Mitte des 16. Jahrhunderts in einem Garten mit einer von Kürbispflanzen – Symbol für die Flüchtigkeit des Daseins – umrankten Laube zu treffen, um zu musizieren und Gedichten zu lauschen. Die *Kürbishütte* hielt engen Kontakt zu dem führenden deutschen Dichter des Barock Martin Opitz (1597-1639), der 1638 aus Danzig nach Königsberg gekommen war. Das Zentrum des Kreises war der berühmte Dichter Simon Dach (1605-1659), allgemein bekannt durch das Lied »Ännchen von Tharau«, dessen Gedenktafel ebenfalls in der Halle der *Albertina* hängt. Vgl. Lawrynowicz (wie Anm. 2), S. 103ff.
27 Vgl. Kohnen (wie Anm. 14), S. 151ff.
28 Vgl. ebd., S. 178ff.
29 Vgl. J. F. Abegg, *Reisetagebuch* (wie Anm. 22, Kap. 1).
30 Immanuel Kant: »Die Revolution eines geistreichen Volkes, die wir in unse-

ren Tagen haben vor sich gehen sehen, mag gelingen oder scheitern; sie mag mit Elend und Greuelthaten dermaßen angefüllt sein, daß ein wohldenkender Mensch sie, wenn er sie zum zweitenmale unternehmend glücklich auszuführen hoffen könnte, doch das Experiment auf solche Kosten zu machen nie beschließen würde, – diese Revolution, sage ich, findet doch in den Gemüthern aller Zuschauer (die nicht selbst in diesem Spiele mit verwickelt sind) eine Theilnehmung dem Wunsche nach, die nahe an Enthusiasm grenzt, und deren Äußerung selbst mit Gefahr verbunden war, die also keine andere als eine moralische Anlage im Menschengeschlecht zur Ursache haben kann.« *Der Streit der Fakultäten*, 2. Abschnitt (1798). In: *Kant's gesammelte Schriften*, hrsg. von der Königlich Preußischen Akademie der Wissenschaften, Bd. VII, Berlin 1907, S. 85.
31 Vgl. Kap. 4, S. 80-84: *Der Stadtpräsident im Urteil der Königsberger Bürger*.
32 1740 gegründet, ab 1744 Großloge. Zunächst galt das englische System mit den drei Graden des Lehrlings, Gesellen und Meisters; ab Mitte des 18. Jahrhunderts kamen aus Frankreich kompliziertere Formen mit zahlreichen Hochgraden hinzu.
33 Eine sehr einflußreiche »konstruierte und mystifizierte Tempelritterorden-Tradition«. Rudolf Vierhaus, *Aufklärung und Freimaurerei in Deutschland*. In: *Freimaurerei und Geheimbünde im 18. Jahrhundert in Mitteleuropa*, hrsg. von Helmut Reinalter, Frankfurt/M. 1983, S. 115-139, S. 116.
34 Aufzeichnung Hippels vom 16. 12. 1788. Vgl. Gause (wie Anm. 14, Kap. 2), S. 261ff.
35 Elisabeth Constanze von der Recke, *Nachrichten von des berüchtigten Cagliostros Aufenthalts in Mitau im Jahre 1777*, Berlin und Stettin 1787.
36 Schlichtegroll: »Er las die Ordenspapiere mit tausend Vergnügen, und konnte nur nicht begreifen, wie ein so wohlwollender und scharfsehender Mann [A. Weishaupt, Verf.] zugleich solche Missgriffe habe thun können; denn natürlich war es ihm unbekannt, daß durch Knigge's tumultuarische Übereilungen in eine einfache und preißwürdige Schule der Tugend ganz fremdartige und tadelnswerthe Zusätze gegen Wissen und Willen des Stifters gekommen waren. –« (SCHL, S. 341). Neben den Freimaurerlogen gab es den im katholischen Bayern einflußreichen geheimen *Illuminatenorden*, 1776 von Adam Weißhaupt gegründet. Eine Verbindung zu den Freimaurern stellte Adolph Freiherr Knigge her, der diesem Orden zur Verbreitung in Norddeutschland verhalf. Der *Illuminatenorden* wurde 1785 von der bayerische Regierung verboten.
37 SW VIII und IX.
38 Durch den Verlust der Logenbücher weiß man kaum etwas über Hippels Einstellung zum ausartenden System der *Strikten Observanz* und zu Knigges Wirken im *Illuminatenorden* (vgl. Kohnen, *Biographie*, S. 249).
39 SW XII, S. 282.
40 SW XIII, S. XI.

4. Der preußische Beamte

1 SW XII, S. 204.
2 Ebd., S. 272ff.
3 Kohnen, *Biographie*, S. 119f.
4 SW XIV, Nr. 132, 9.-11.7.1780.
5 Heinrich Deiter, *Johann Friedrich Abeggs Reise zu deutschen Dichtern und Gelehrten im Jahre 1798*. In: *Euphorion* 16 (1909), S. 743f.
6 Wie Anm. 29, Kap. 1.
7 1782 Uraufführung in Mannheim.
8 Die Erzählung wurde 1786 unter dem Titel *Der Verbrecher aus Infamie* im zweiten Heft der *Thalia* gedruckt. Die bearbeitete Fassung erschien 1792 unter dem Titel *Der Verbrecher aus verlorener Ehre*.
9 Da Hippel Dokumente besaß, die adlige Vorfahren in Schlesien nachwiesen, war er berechtigt, bei Kaiser Joseph II. den Antrag zu stellen. Die Urkunden sind abgedruckt in: Walther von Hippel, *Geschichte der Familie von Hippel*, Teil I, Berlin 1898, S. 27-38, Teil II: Königsberg 1912, S. 23-28.
10 Vgl. LUL, S. 158ff.
11 Ebd., S. 37.
12 Ebd., S. 54.
13 (1804), S. 183.
14 SCHL, S. 320f.
15 Ebd., S. 179.
16 Wie Anm. 36, Kap. 3.
17 Vgl. Paul Raabe (Hrsg.), *Adolph Freiherr Knigge in Hannover*, Göttingen 2002, S. 104-106.
18 Wie Anm. 12, Kap. 3, S. 153.
19 Zit. nach: Botho v. Berg, *Linien des Lebens* (unveröffentlichtes Manuskript), Hamburg 1966, S. 19. Ein kürzlich aufgefundenes Exemplar des 1794 bei J.J. Kanter in Königsberg erschienenen Gedichts befindet sich in der Staatsbibliothek Berlin. Vgl. LUL, S. 152.
20 Ferdinand Josef Schneider hat nachgewiesen (1911), daß die von Heinrich Deiter in *Euphorion* 17 (1910) herausgegebenen Ausführungen Abeggs »wissenschaftlich unbrauchbar« seien, weil Deiter den Text eigenwillig verändert habe. Paul Peterken hat als Anhang zu seinem Buch (Anm. 8, Kap. 1), S. 334ff. eine korrekte Transkription vorgelegt, der die folgenden Zitate entstammen.
21 Ebd., S. 334f.
22 Ebd., S. 338.
23 Ebd., S. 338.
24 Ebd., S. 59.
25 Ebd., S. 342.
26 Vgl. Ferdinand Josef Schneider, *Hippel und seine Freunde*. In: *Euphorion* 19 (1912), S. 113ff. Der Kriegsrat Christian Wilhelm Deutsch kam erst zu

Beginn der 80er Jahre von Potsdam nach Ostpreußen. Die freundschaftliche Beziehung wurde getrübt durch einen spöttischen Glückwunsch zu Hippels Adelserhebung. Aus Hippels Privatleben habe Deutsch »Dinge erzählt, die schon zu dem Widerlichsten gehören, was man seinem ärgsten Feind überhaupt nachsagen kann«. (S. 115) Laut Schneider hat Borowski sich letztlich als Heuchler entpuppt.
27 SW XII, S. Xf. Das Fräuleinstift, in dem E.T.A. Hoffmann, der Freund Th. G. v. Hippels d.J., regelmäßig verkehrte, lag zwischen Hoffmanns Elternhaus und dem Stadtpalais des Bürgermeisters in der Junkerstraße.
28 Karl Rosenkranz, *Königsberger Skizzen*, Danzig 1842. Rosenkranz (1805-1879) war ab 1833 ordentlicher Professor an der *Albertina* (Nachfolger von Herbart). Zahlreiche Publikationen zu Philosophie, Kultur- und Literaturgeschichte.
29 Ebd., S. 11ff.
30 SW XIV, Nr. 156, 24. 8. 1782.
31 SW XIV, Nr. 152, 13. 2. 1782.
32 Dieses Gedicht nahm Goethe in seine Autographensammlung auf, vgl. Kohnen, *Biographie*, S. 148.
33 SW XII, S. 278f.
34 Dieser berühmte Wahlspruch der Preußen (Mehr sein als scheinen) leitet sich wohl von dieser Quelle her, vgl. Hans-Joachim Schoeps, *Üb' immer Treu' und Redlichkeit – Preußen in Geschichte und Gegenwart*, Düsseldorf 1978, S. 23.
35 SW XII, S. 277ff.
36 Ein kleines Aquarell des Busoltschen Hauses, vermutlich von einem der Kinder der Königin Luise gemalt, hängt im Schloß Paretz bei Potsdam. Zu Hippels Landhaus und Garten vgl. Ursula Gräfin zu Dohna, *Gärten und Parke in Ostpreußen*, Herford 1993, S. 90-96.
37 Rosenkranz (wie Anm. 28), S. 7ff. Vgl. dazu: Ferdinand Gregorovius, *Idyllen vom baltischen Ufer* (1856), Berlin 1991.

5. Der heimliche Revolutionär

1 Vgl. Schlichtegroll: neben Scheffner war es auch der »Kriminalrath Jensch in Königsberg, ein gelehrter Geschäftsmann von großen Talenten. […] Er hat, so viel ich weiß, nichts selbst herausgegeben, ging aber voll uneigennütziger Teilnahme die Handschriften seines Freundes Hippel durch, vermehrte sie nicht blos in einzelnen Stücken, sondern im Ganzen und durchweg; vorzüglich ist dies der Fall bey dem B. ü. d. E. und dessen verschiedenen Auflagen, […] ferner bey dem über die bürg. Verbess. der Weiber […]. Hippel bleibt aber immer Hauptverfasser (SCHL, S. 464f.).«
2 Entsprechend wuchs der Umfang von der Erstausgabe bis zur vierten Auflage auf mehr als das Doppelte.
3 Theodor Gottlieb von Hippel, *Über die Ehe*. Mit Illustrationen von Daniel Chodowiecki. Hrsg., mit Anmerkungen und einem Nachwort versehen von

W. M. Faust, Stuttgart 1972 (nach dieser inzwischen vergriffenen Ausgabe wird im Folgenden zitiert).
4 Theodor Gottlieb von Hippel, *Über die Ehe. Herausgegeben und mit einer üblen Nachrede in Kommentaren versehen von Günter de Bruyn*, Berlin 1982, S. 112 und 127.
5 Anspielung auf Christian Wilhelm Dohm, *Über die bürgerliche Verbesserung der Juden*, Berlin 1781/83.
6 SW XIII, Nr. 6, 24. 6. 1767.
7 SW XIII, Nr. 11, Februar 1768.
8 SW XIII, Nr. 19, 17. 8. 1768.
9 SW XIII, Nr. 56, 1773.
10 SW XII, S. 280.
11 Ebd.
12 Bd. 28 (1776), 1. Stück, S. 38.
13 Bd. 2 (1793), Nr. 158, S. 521.
14 Göschen (1736-1798), Vater des in Göttingen verstorbenen Hofrats und Professors der Rechte.
15 Vgl. SCHL, S. 441.
16 In seinem Ehebuch erweist sich Hippel mit der These, die Liebe sei durch die Natur gestiftet, die Ehe aber durch die Vernunft, als Schüler Montaignes. Ferdinand Josef Schneider geht so weit, Hippel über Montaigne zu stellen; er zeichne sich durch »größere formale Gewandtheit« und die »glückliche Wahl eines metaphorischen Ausdrucks« aus. Z.B.: »Die Liebe kommt auf einmal. Sie wohnt parterre. Die Freundschaft steigt Treppen, und es gehören Jahre dazu, eh' ein Freund ein Freund wird.« (LL I, S. 421). F. J. Schneider, *Hippel als Schüler Montaignes, Hamanns und Herders*. In: *Euphorion*, Bd. 23 (1921), S. 23ff.
17 Zit. nach Lindemann-Stark: »*Die Rechte beyder Geschlechter sind einander gleich*«. In: *Königsberg. Beiträge zu einem besonderen Kapitel der deutschen Geistesgeschichte des 18. Jahrhunderts*, hrsg. von Joseph Kohnen, Frankfurt/M. 1994, S. 289-308, S. 290.
18 Diese Schrift wurde zusammen mit Texten aus Hippels *Bürgerlicher Verbesserung der Weiber* bei C.H. Beck in einer zweibändigen, kommentierten Ausgabe neu herausgegeben (München 1979).
19 Hippel bezieht sich auf Christian Wilhelm Dohm, *Über die bürgerliche Verbesserung der Juden*, Berlin 1781/83. Zit. wird nach der Erstausgabe: Vossische Buchhandlung, Berlin 1792.
20 Laut Abeggs Tagebuch (wie Anm. 5, Kap. 4), S. 743.
21 Vgl. Heinrich Detering, *Aufgeklärte Toleranz und religiöse Differenz bei Christian Wilhelm Dohm*. In: *Zeitschrift für Religions- und Geistesgeschichte*. 54. Jahrgang, H. 4, Leiden/Boston 2002, S. 326-351.
22 Vgl. Lindemann-Stark (wie Anm. 17), S. 290f.
23 Bd. 4 (1794), Nr. 387, S. 537.
24 SW XII, S. 276. Zu Kraus s. Anm. 17, Kap. 3.
25 Walther von Hippel, *Geschichte der Familie von Hippel*, Teil I, Berlin 1898,

S. 42. In der Tradition des Vorfahren Theodor Gottlieb d.Ä. ließ Walther von Hippel seine Töchter (geb. 1901 und 1907) studieren, was noch in den zwanziger Jahren des 20. Jahrhunderts als ungewöhnlich galt.
26 Lindemann-Stark (wie Anm. 17), S. 296.
27 *Allgemeine Literatur-Zeitung*, Jena und Leipzig. December 1787, Sp. 583f. Zit. nach Lindemann-Stark (wie Anm. 17), S. 299.
28 (fol. 410/411) – zit. nach Lindemann-Stark (wie Anm. 17), S. 300.
29 Vgl. ebd., S. 303-308.
30 Laut Abeggs Tagebuch (wie Anm. 22, Kap. 1), S. 312.
31 Joseph Kohnen, *Hippel und sein Freundeskreis*. In: *Wolfenbütteler Studien zur Aufklärung*, Bd. 16 (wie Anm. 16, Kap. 3), S. 169-190, S. 186f.
32 Christian Friedrich Jensch (geb. 1744; Todesjahr unbekannt).
33 Abegg (wie Anm. 5, Kap. 4), S. 744f.
34 Vgl. dazu: Ralph-Rainer Wuthenow, *Nachwort*. In: Theodor Gottlieb von Hippel, *Über die bürgerliche Verbesserung der Weiber*, Frankfurt/M. 1977, S. 260-275, S. 262.

6. Enttarnungen

1 Th. G. v. Hippel d.J. im Vorwort zu den Briefen an Scheffner: SW XIII, S. XIV.
2 Es ist unbegreiflich, daß der Nachlaßverwalter Theodor Gottlieb d.J. Hippels Freimaurer-Papiere zum Teil verbrannte, um dem Vorwurf der »Schwärmerey« zu begegnen, die verräterischen Notizzettel aber nicht vor Zugriffen schützte.
3 SW XII, S. 281. Der Bruder war Pastor.
4 SW XII, S. 214.
5 SW XII, S. 215f.
6 SW XII, S. 218.
7 Posthumer Kupferstich (1802) von Johann Friedrich Bolt – vermutlich die Vorlage für die Gedenktafel in der Halle der *Albertina*.

Siglenverzeichnis

SW = *Theodor Gottlieb von Hippel's sämmtliche Werke*, Berlin 1828-1839 (Bandangaben in römischen Ziffern).

LL = Theodor Gottlieb von Hippel, *Lebensläufe nach aufsteigender Linie nebst Beylagen A, B, C*, Berlin 1778-81. Die beiden Teile des dritten Bandes werden nach der üblichen Zitierweise mit Bd. III und Bd. IV angegeben.

Keber = Wilhelm Gottlieb Keber, *Nachrichten und Bemerkungen den Geh. Kriegsrath v. Hippel betreffend*, Königsberg 1802.

Kohnen, *Biographie* = Joseph Kohnen, *Theodor Gottlieb von Hippel. Eine zentrale Persönlichkeit der Königsberger Geistesgeschichte. Biographie und Bibliographie*, Lüneburg 1987

LUL = Anke Lindemann-Stark, *Leben und Lebensläufe des Theodor Gottlieb von Hippel*, St. Ingbert 2001.

SCHL = Friedrich von Schlichtegroll, *Biographie des Königlich Preußischen Geheimen Kriegsrathes zu Königsberg Theodor Gottlieb von Hippel, zum Theil von ihm selbst verfaßt*, Gotha 1801.

Zeittafel

Gerdauen

1741	31. Januar: Theodor Gottlieb Hippel wird in Gerdauen/ Ostpreußen als Sohn des Rektors Melchior Hippel und seiner Frau Eleonore aus dem Hause des Bartensteiner Kantors Laurentius Thimm geboren.
1743	3. Mai: Geburt des Bruders Gotthard Friedrich Hippel.
1751	Samuel Keber wird Pastor in Gerdauen.

Königsberg

1756	Seit dem Wintersemester studiert Hippel an der *Albertina* Mathematik, Philosophie und Theologie.
1758-1762	Russische Truppen besetzen Königsberg.
1758	Vorlesungen bei Magister Kant.
1759/60	Hippel hält in Gerdauen und Königsberg fünf Predigten. Kandidat der Theologie.
1759	Umzug zum Holländer Baum in das Haus des holländischen Justizrats Theodor Polykarp Woyt. Hauslehrer des sechsjährigen Ewald Egidius Lübeck.
1760	Johann Jacob Kanter eröffnet seinen Buchladen mit Lesetreffpunkt.
1761	10. Januar: Hippel reist mit Hendrik van Keyser nach St. Petersburg und Kronstadt.
	Ende März: Rückkehr nach Königsberg.
	Hofmeister im Hause des Tribunalpräsidenten Johann August Baron von Schrötter (1707-1773) für dessen Kinder Johann Heinrich August (1752-1833) und Amalie Albertine (1754-1827).
1761/62	Beginn des Jura-Studiums.
1762	18. Januar: Hippel wird in die Königsberger Loge *Zu den drei Kronen* aufgenommen.
	Katharina II. wird Zarin.
	21. August: Hippels Vater stirbt im Alter von 69 Jahren.
	30. Oktober: Wahl zum Bruder Redner der Loge.

	30. November: Hippel hält seine erste Rede in der Loge: *Über die Notwendigkeit auch außerhalb der Loge ein Bruder zu sein.*
1765	*Der Mann nach der Uhr.*
	Beginn der Freundschaft mit Johann George Scheffner.
	Advokatur am Stadtgericht Königsberg.
1768	Januar: *Willefordt und Amalia. Ein Trauerspiel in sechs Aufzügen.*
	Die ungewöhnlichen Nebenbuhler. Ein Lustspiel in fünf Aufzügen.
	September: Hippel hat drei Lustspiele abgeschlossen: *Der Herr da fand. Der Complimentist. Sobald der Vetter kommt.*
1768-69	Meister vom Stuhl in der Loge *Zu den drey Kronen.*
	Rezensent juristischer Texte für die ADB (Dauer ungewiß).
1769	*Auf die Frage: Ist es rathsam, Missethäter durch Geistliche zum Tode vorbereiten und zur Hinrichtung begleiten zu lassen?*
1771	Zulassung als Advokat am Hofgericht.
1772	*Geistliche Lieder.*
	Lieder für Freymäurer (mit anderen).
	Im September wird Hippel mit sechs anderen zum Besitznahme-Kommissar Westpreußen ernannt – er ist mit Wilhelm Cuppner für die Woywodtschaft Marienburg zuständig.
1773	6. Juni: Ernennung zum Kriminalrat (unbesoldet).
1774	*Ueber die Ehe* (Berlin 1774).
1775	*Ueber die Ehe.* Zweite erweiterte Auflage (Berlin 1776).
	13. Dezember: Theodor Gottlieb Hippel, der einzige Sohn von Hippels Bruder Gotthard Friedrich, wird in Gerdauen geboren. Hippel ist Pate.
1776	29. März: Tod des Freundes und Freimaurerbruders Johann Gotthelf Lindner.
	16. April: Tod von Hippels Mutter Eleonore im Alter von 68 Jahren.

	23. April: Beerdigung der Mutter; am gleichen Tag hält Hippel in der Freimaurerloge die Trauerrede auf Lindner.
1777	26. Mai: Assessor am Armenkolleg (unbesoldet).
1778	*Lebensläufe nach aufsteigender Linie nebst Beylagen A, B, C. Meines Lebenslaufs erster Theil.*
	30. Dezember: Wahl zum extraordinären Stadtrat und Richter der Burgfreiheit und des Roßgärter Kreises.
1779	*Lebensläufe* [...] *Zweyter Theil.*
	Hippel kauft das v. Borstellsche Haus in der Junkerstraße und gründet einen eigenen Hausstand.
1780	April: Wahl zum Mitglied der ostpreußischen Gesetzeskommission zur Ausarbeitung des allgemeinen Gesetzbuches für die preußischen Staaten.
	April-Oktober: Ausarbeitung des Kriminalrechts.
	20. August: Ernennung zum Hofhalsrichter und Kriminaldirektor.
	7. Dezember: Ernennung zum Dirigirenden Bürgermeister durch den König.
1781	*Lebensläufe* [...] *Dritter Theil.*
	Ankauf des Gutes *Pojentershof* auf den Hufen. Das Land wird verpachtet. Hippel behält einen großen Garten (Park) mit dem Landhaus. In den folgenden Jahren beschäftigt er sich theoretisch und praktisch mit der Anlage des Parks; er studiert das Standardwerk für Gartenkunst von C.C.L. Hirschfeld und besucht ostpreußische Gärten.
1786	17.-21. September: nach dem Tod von Friedrich dem Großen hält sich Friedrich Wilhelm II. zur Krönungsfeier in Königsberg auf. Hippel wird zum Stadtpräsidenten von Königsberg und zum Geheimen Kriegsrath ernannt.
1787/89	10. Oktober: Übersendung des Plans zu einer Bürgerschule in Königsberg an Minister Frhr. von Gaudi. Der Plan scheitert an finanziellen Problemen.
1788	Hippel nimmt seinen gleichnamigen Neffen und Patensohn in sein Haus.

1790	Oktober 1780: Hippel beantragt bei Kaiser Joseph die Adelsrenovation der Familie. Im Januar 1790 wird dem Antrag stattgegeben. Bitte um Anerkennung des Adels in Preußen. Am 5. November wird die preußische Adelsrenovation ausgesprochen.
	Ernennung zum Direktor des Armenkollegs.
	Handzeichnungen nach der Natur.
	Hippel schreibt das erste Buch seiner *Selbstbiographie*.
1791	Hippel schreibt die Bücher zwei und drei der *Selbstbiographie*.
	Ueber die Ehe. 3., völlig umgearbeitete Auflage (Berlin 1792).
1792	*Nachricht, die v. K*sche Untersuchung betreffend.*
	Ueber die bürgerliche Verbesserung der Weiber.
1793	*Ueber die Ehe.* 4. erw. und vermehrte Aufl.
	Kreuz- und Querzüge des Ritters A bis Z. Erster Theil.
	Zweite Teilung Polens.
1793/94	Mai-März: Hippel wird für ein Dreivierteljahr nach Danzig abgeordnet zur Neuordnung der Stadtverwaltung.
1794	*Kreuz- und Querzüge* [...] Zweyter Theil.
1796	23. April: Hippel stirbt an Brustwassersucht.
	2. Mai: nach seinem Willen erhält er ein schlichtes Begräbnis auf dem Neuroßgärter Armenfriedhof, den er als Bürgermeister hat anlegen lassen.
	Verkauf der Stadtvilla in der Junkerstraße an die Stadt. Sie wird später zur Post.
	Verkauf des Pojentershofs. Der Garten verfällt.
	(1801 geht das Anwesen an Gotthilf Christoph Wilhelm Busolt. 1872 kauft Wilhelm I. den Besitz zur öffentlichen Nutzung. Das erweiterte Landhaus ist erst kürzlich abgerissen worden).
1798	Der Heidelberger Theologe Johann Friedrich Abegg sammelt in Königsberg Nachrichten über den verstorbenen Hippel für Schlichtegrolls Nekrolog.
1800/1801	Schlichtegrolls *Nekrolog*. Gotha 1801.
	Nachlaß über weibliche Bildung (Berlin: Voß).

1802	Wilhelm Gottlieb Keber veröffentlicht sein Pamphlet *Nachrichten und Bemerkungen den Geheimen Kriegsrath von Hippel betreffend.* (Königsberg: Göbbels und Unzer).
1802/20	Johann George Scheffner und Ludwig Ernst Borowski vernichten ihre Briefe an Hippel und andere Zeugnisse.
1804	Anonym erscheint die *Epistolische Lektion für den Herrn Erzpriester Keber in Bartenstein.* (Danzig: Goldstamm). *Ueber Gesetzgebung und Staatenwohl. Nachlaß.* (Berlin: Voß).
1827/28	*Hippel's sämmtliche Werke* Bd. 1-11 erscheinen bei Reimer in Berlin.
1835	*Th. G. v. Hippel's sämmtliche Werke.* Zwölfter Band (SW 12): *Hippel's Leben.* Hrsg. vom Neffen des verstorbenen Autors Theodor Gottlieb v. Hippel.
1837	Laut einer Kabinettsordre (Friedrich Wilhelm III.) wird die Hippelsche Bibliothek und die Gemäldesammlung der Stadt Königsberg übergeben.
1838	SW 13 *(Briefe an Scheffner 1765-1774).*
1839	SW 14 *(Briefe an Scheffner 1775-1785).* Die Werkausgabe wird eingestellt.

Literaturverzeichnis

Theodor Gottlieb von Hippel:

Ausgaben

Th. G. v. Hippel d.J. (Hrsg.): *Th. G. v. Hippel's sämmtliche Werke.* 14 Bde. Berlin: G. Reimer 1828-39.
Bd. 12: *Hippel's Leben* (1835).
Bd. 13-14: *Briefe an Scheffner.* Aus seinem Nachlaß herausgegeben (1838/39).

Einzeltitel

Der Mann nach der Uhr, oder der ordentliche Mann (Lustspiel), Königsberg: Kanter 1765.
Willefordt und Amalia (Trauerspiel), Königsberg: Kanter 1768.
Freymäurerreden, Königsberg: Kanter 1768.
Auf die Frage: Ist es rathsam, Missethäter durch Geistliche zum Tode vorbereiten, und zur Hinrichtung begleiten zu lassen? Königsberg: Kanter 1769.
Geistliche Lieder, Berlin: Haude u. Spener 1772.
Lieder für Frey-Mäurer (in Zusammenarbeit mit J. Fr. Hinz und J. J. Kanter), Königsberg: Kanter 1772.
Über die Ehe, Berlin: Voß 1774, [4]1793.
Lebensläufe nach aufsteigender Linie nebst Beylagen A, B, C, Berlin: Voß 1778-81.
Handzeichnungen nach der Natur, Berlin: Voß und Sohn 1790.
Über die bürgerliche Verbesserung der Weiber, Berlin: Voß 1792.
Nachricht, die von K*sche Untersuchung betreffend. Ein Beytrag über Verbrechen und Strafen, Königsberg: Friedrich Nicolovius 1792.
Kreuz- und Querzüge des Ritters A bis Z. 2 Bde. Berlin: Voß 1793/1794.
Nachlaß über weibliche Bildung, Berlin: Voß 1801.
Biographie. Zum Theil von ihm selbst verfaßt. Reprographischer Druck der Ausgabe Gotha 1801. Neudruck: Hildesheim 1977.

Grundlage der Neuauflage: Friedrich von Schlichtegroll: *Biographie des Königlich Preußischen Geheimen Kriegsrathes zu Königsberg Theodor Gottlieb von Hippel, zum Theil von ihm selbst verfaßt*, Gotha: Justus Perthes 1801.
Ueber Gesetzgebung und Staatenwohl, Nachlaß. Berlin: Voß 1804.

Quellen

Keber, Wilhelm Gottlieb: *Nachrichten und Bemerkungen den Geh. Kriegsrath v. Hippel betreffend*, Königsberg 1802.
Rosenkranz, Karl: *Königsberger Skizzen*, Danzig 1842.
v. Hippel, Walther: *Geschichte der Familie von Hippel*, Teil I, Berlin 1898, Teil II, Königsberg 1912.
Deiter, Hans: *Johann Friedrich Abeggs Reise zu deutschen Dichtern und Gelehrten im Jahre 1798*. Nach Tagebuchblättern mitgeteilt von Hans Deiter in: *Euphorion* 16 (1909).
–: *Theodor Gottlieb v. Hippel im Urteile seiner Zeitgenossen*. In: *Euphorion* 17 (1910).
Zwi Batscha (Hg.), Johann Friedrich Abegg, *Reisetagebuch von 1798*, Frankfurt/M. 1976.

Bearbeitungen

Oettingen, Alexander von: *Hippel's Lebensläufe. Eine baltische Geschichte aus dem vorigen Jahrhundert für die Gegenwart bearbeitet*. Jubelausgabe in drei Büchern, Leipzig 1878.
Theodor Gottlieb von Hippel: *Lockrufe zur Freude*, Berlin: Hyperion o. J.

Sonstige Literatur, Sekundärliteratur

Schneider, Ferdinand Josef: *Hippel und seine Freunde*. In: *Euphorion* 19 (1912).
–: *Studien zu Th. G. von Hippels Lebensläufen 2: Über den Humor L. Sternes und Th. G. von Hippels*. In: *Euphorion* 22 (1915).
–: *Studien zu Th. G. von Hippels »Lebensläufen« 3: Hippel als Schüler Montaignes, Hamanns und Herders*. In: *Euphorion* 23 (1921).

Werner, Fritz: *Das Todesproblem in den Werken Th. G. v. Hippels*, Halle 1938.

Jean Paul: *Werke*, München 1959-1985. Abt. 1: 1959-1963; Abt. 2: 1974-1985.

Michelsen, Peter, *Laurence Sterne und der deutsche Roman des 18. Jahrhunderts*, Göttingen 1962.

Schoeps, Hans-Joachim: *Üb' immer Treu und Redlichkeit – Preußen in Geschichte und Gegenwart*, Düsseldorf 1978.

De Bruyn, Günter: *Theodor Gottlieb von Hippel. Über die Ehe. Herausgegeben und mit einer üblen Nachrede in Kommentaren versehen von Günter de Bruyn*, Berlin 1982.

Peterken, Paul: *Gesellschaftliche und fiktionale Identität. Eine Studie zu Theodor Gottlieb von Hippels Roman »Lebensläufe nach aufsteigender Linie nebst Beilagen A, B, C«*, Stuttgart 1981.

Kohnen, Joseph: *Theodor Gottlieb von Hippel. Eine zentrale Persönlichkeit der Königsberger Geistesgeschichte.* Biographie und Bibliographie, Lüneburg 1987.

–: *Königsberger um Kant*, Berlin 1993.

Lindemann-Stark, Anke: *Leben und Lebensläufe des Theodor Gottlieb von Hippel*, Sankt Ingbert 2001.

Aufsätze

Lindemann-Stark, Anke: »Die Rechte beyder Geschlechter sind einander gleich«, in: *Königsberg. Beiträge zu einem besonderen Kapitel der deutschen Geistesgeschichte des 18. Jahrhunderts*, hrsg. von Joseph Kohnen, Frankfurt 1994, S. 289-308.

Malter, Rudolf: *Kants Tischgesellschaft nach dem Bericht von Johann Friedrich Abegg.* In: *Zentren der Aufklärung II. Königsberg und Riga*, hrsg. von Heinz Ischreydt, Tübingen 1995 (*Wolfenbütteler Studien zur Aufklärung*, hrsg. von der Lessing-Akademie, Bd. 16), S. 143-167.

Kohnen, Joseph, *Hippel und sein Freundeskreis.* In: *Zentren der Aufklärung II. Königsberg und Riga*, hrsg. von Heinz Ischreydt, Tübingen 1995 (*Wolfenbütteler Studien zur Aufklärung*, hrsg. von der Lessing-Akademie, Bd. 16), S. 169-190.

Namowicz, Tadeucz: *Der »Genius loci« und die literarische Kultur der Zeit. Königsberg und seine Dichtung im 18. Jahrhundert.* In: *Königsberg-Studien. Beiträge zu einem besonderen Kapitel der deutschen Geistesgeschichte des 18. und angehenden 19. Jahrhunderts*, hrsg. von Joseph Kohnen. Frankfurt/M. 1998.

Kohnen, Joseph: *Hippel und die dichterischen Größen seiner Zeit nach seinen Briefen.* In: *Königsberg-Studien. Beiträge zu einem besonderen Kapitel der deutschen Geistesgeschichte des 18. und angehenden 19. Jahrhunderts*, hrsg. von Joseph Kohnen. Frankfurt/M. 1998.

Stadt Königsberg

Gause, Fritz: *Die Geschichte der Stadt Königsberg in Preußen*, Bd. II, Köln/Graz 1968.

Lawrynowicz, Kasimir: *Albertina*, Berlin 1999.

Dohna, Ursula Gräfin zu: *Gärten und Parke in Ostpreußen*, Herford 1993.

Königsberg und sein Umland in Ansichten und Plänen aus der Staatsbibliothek zu Berlin. Berlin 2002.

Abbildungsnachweise

Herzog August Bibliothek, Wolfenbüttel: S. 15, 31, 35, 43 (und Umschlag), 92, 93, 103; Staatsbibliothek zu Berlin: S. 57, 81; Bildarchiv Preußischer Kulturbesitz: S. 61; Ursula Gräfin zu Dohna: S. 85, 87; Privatbesitz: S. 9, 115.

Verlag und Autorin danken den genannten Personen und Institutionen für die freundliche Abdruckgenehmigung.

Personenregister

Abegg, Georg Philipp 67, 82
Abegg, Johann Friedrich 66f., 75, 82f., 105, 110
Ackermann, Conrad Ernst 58
Arndt, Christian Gottlieb von 52, 54
Arnoldt, Daniel Heinrich 48
Baczko, Ludwig von 58
Basedow, Johann Bernhard 22, 49
Bertuch, Friedrich Justin 101
Borowski, Ludwig Ernst 61, 83
Bruyn, Günter de 90
Busolt, Gotthilf Christoph Wilhelm 86
Cagliostro, Alessandro Graf von 68
Campe, Joachim Heinrich 22
Caspar, Isaak 82
Chodowiecki, Daniel 37, 59, 90
Claudius, Matthias 63
Dach, Simon 7, 65
Deutsch, Christian Wilhelm 83
Döbbelin, Karl Theophil 58
Dohm, Christian Wilhelm 98f.
Elisabeth (Zarin) 49
Friedrich II. 10, 52, 55f., 59, 74, 78f.
Friedrich III. (Kurfürst); nach der Krönung (1701) Friedrich I. von Preußen 55
Friedrich Wilhelm I. 56
Friedrich Wilhelm II. 77
Friedrich Wilhelm III. 67
Garve, Christian 102
Gellert, Christian Fürchtegott 48
Gervinus, Georg Gottfried 38
Goethe, Johann Wolfgang von 18, 20, 37, 63, 69, 90, 107

Göschen, Johann Julius 97, 107
Gouges, Olympe de 98
Hagen, Karl Gottfried 61
Haller, Albrecht von 48
Hamann, Johann Georg 8, 22, 57, 59, 61-66, 88, 96, 107, 114
Hartung, Gottlieb Lebrecht 57
Herder, Johann Gottfried 19, 58, 61, 63f., 66, 107f.
Hippel, Theodor Gottlieb d. J. (Neffe) 11, 47, 72, 77, 83, 87, 110f.
Hoffmann, E.T.A. 8
Holst, Amalia 98
Jacobi, Johann Konrad 61
Jean Paul 17, 18, 25, 27, 37, 39, 49, 84 ,88, 107f.
Jensch, Christian Friedrich 90, 105, 107
Kant, Immanuel 7, 16, 26, 28, 52f., 55-62, 64f., 67f., 73, 75, 80, 88, 99, 101f., 104, 108 110, 114f.
Kanter, Johann Jacob 57, 65, 68
Katharina II. (Zarin) 54, 78, 99
Keber, Wilhelm Gottlieb 46
Keyser, Hendrik van 49, 50
Keyserling, Charlotte Caroline Amalie Gräfin 59, 68, 99
Klopstock, Friedrich Gottlieb 48
Knigge, Adoph Freiherr 80, 114
Korff, Friedrich Alexander von 74
Kraus, Christian Jakob 59, 61, 102
L'Estocq, Johann Ludwig von 52

Lampe, Martin 7, 60
Lauson, Johann Friedrich 49, 57, 64-66
Lavater, Johann Kaspar 63, 107
Lenz, Jakob Michael Reinhold 19
Lessing, Gotthold Ephraim 42, 58, 63, 65, 69, 94, 111
Lichtenberg, Georg Christoph 63, 107
Lindner, Johann Gotthelf 58, 64, 66, 114
Luise (Königin von Preußen) 67, 86
Marie Antoinette (Königin von Frankreich) 69
Mendelssohn, Moses 58, 60, 63, 99, 102
Merck, Johann Heinrich 63
Miller, Johann Martin 20
Montesquieu, Charles de 8
Moritz, Karl Philipp 36f., 75
Motherby, Robert 61
Napoleon 86
Nicolai, Friedrich 24, 37
Nicolovius, Georg Heinrich Ludwig 58
Oettingen, Alexander von 39
Peter III. (Zar) 67
Ramler, Karl Wilhelm 58
Rauch, Daniel 87
Recke, Elisa von der 68, 99
Reichardt, Johann Friedrich 59, 80

Reimarus, Hermann Samuel 63
Rhode, Johann Friedrich 48
Richardson, Samuel 20
Rosenkranz, Karl 57, 83f., 88
Rousseau, Jean-Jacques 14, 20, 22, 26, 86
Scheffner, Johann George 13, 28, 33, 48f., 51-53, 58f., 61, 64, 74, 83-85, 88, 90, 95f., 101, 105, 107f., 113
Schienemann 7
Schiller, Friedrich 37, 69, 75f., 80, 94
Schlichtegroll, Adolf Heinrich Friedrich 11, 18 f., 41, 82f., 97
Schlözer, August Ludwig von 102
Schröder, Friedrich Ludwig 58
Schrötter, Johann August Baron von 9
Schuch, Franz 58
Schuch, Franz d. J. 58
Schultz, Franz Albert 48
Shakespeare 59, 66
Sterne, Laurence 17, 37
Stolberg, Friedrich Leopold Graf zu 63
Swift, Jonathan 18
Werner, Zacharias 37
Wilhelm I. 86
Wollstonecraft, Mary 98
Woyt, Theodor Polykarp 8

Bibliografische Information Der Deutschen Bibliothek

Die Deutsche Bibliothek verzeichnet diese Publikation in der Deutschen Nationalbibliografie; detaillierte bibliografische Daten sind im Internet über http://dnb.ddb.de abrufbar.

© Wallstein Verlag, Göttingen 2004
www.wallstein-verlag.de
Vom Verlag gesetzt aus der Times Antiqua
Druck: Hubert & Co, Göttingen
ISBN 3-89244-815-9